JENNIFER WADE

Das neue Bodystyling

INHALT

Muskeln: Make-up unter der Haut

Beweglich, fit und voller Kraft

Multifunktionelles Ganzkörpertraining

Zum Nachschlagen

Gewusst wie: der intelligente und sinnliche Weg zur Traumfigur

»Muskeln – das Make-up unter der Haut« – diese schöne Definition schenkte mir eine Kursteilnehmerin nach zwölf Wochen Bodystyling. Ihr Körper hatte endlich die Konturen und die Straffheit angenommen, die sie sich lange gewünscht hatte. Mit dem vorliegenden Buch mit CD möchte ich Ihnen das neue Bodystyling vermitteln, so dass auch Sie in wenigen Wochen Ihrer Wunschfigur näher kommen.

Meine Programme sind für sport- und fitnessaktive Leser und Leserinnen ebenso wie für Fitness-Einsteiger konzipiert. Die Teilnehmer meiner Seminare und meine Kunden im Personal Training wissen, wie viel Wert ich auf Technik lege. Das hat seinen Grund: Denn mit guter Technik kommen Sie schneller ans Ziel. Die beiliegende CD gibt Ihnen dabei zusätzlich wichtige Anleitung und den nötigen Schwung, Ihr persönliches Workout zusammenzustellen – und durchzuhalten. Sie werden staunen, wie wenig Sie tun müssen, um Erfolg zu haben. Mit Buch und CD stehe ich Ihnen jederzeit als Ihre Personal Trainerin zur Seite!

Jennifer Wade

MUSKELN: MAKE-UP UNTER DER HAUT

Bodystyling ist ein effektiver Weg zu einem wohlproportionierten und schönen Körper. Aber Bodystyling kann noch mehr: Es fördert Ihre Gesundheit. Denn starke Muskeln schonen Bänder, Sehnen und Gelenke und sind damit das beste Anti-Aging-Elixier. Alles, was Sie brauchen, ist ein individuell auf Ihre Bedürfnisse und Ihren Körpertyp abgestimmtes Programm. Und natürlich eine Prise Augenmaß und Disziplin. Aber keine Angst: Sie müssen sich nicht kasteien. Mit ein paar Minuten am Tag, einem kleinen Workout einmal pro Woche können Sie schon eine ganze Menge erreichen.

Was ist Bodystyling?

Fast alle Frauen wünschen sich schöne Körperkonturen, Gesundheit und eine straffe Haut. Genau das verspricht Bodystyling à la Jennifer Wade.

Am Anfang war das Bodybuilding ... Und so gut wie keine Frau hat sich dafür interessiert. Erst als Callan Pickney 1984 aus einer Mischung von Muskeltraining, Tanzelementen und Stretching die Trainingsform »Callanetics« entwickelte, begannen viele Frauen, sich mit dem Muskeltraining anzufreunden. Immerhin war der Anreiz groß: Es winkte die perfekte Figur. So wurde nach und nach ein leichtes Ganzkörpermuskeltraining in den Aerobicunterricht integriert. Begriffe wie »Bodysculpting«, »Bodytoning« oder »Bodyshaping« wurden eingeführt, um das Image des Hardcore-Bodybuilding aufzupäppeln. Mit Erfolg: Gerade in jüngster Zeit haben immer mehr Frauen den Mut, Muskeln zu zeigen. Lang- und Kurzhantelkurse mit schweren Gewichten sind populär geworden. Trotzdem wünschen sich nach wie vor die meisten Teilnehmerinnen in Bodystylingkursen Muskelstraffung, *ohne* Muskelmasse aufzubauen. Vor allem auch durch meine jahrelange Arbeit mit Models, aber auch mit Menschen, die Wirbelsäulen- und andere Probleme haben, erkannte ich, wie wichtig es ist, das Muskeltraining vor allem auf Straffheit und Kraft hin auszurichten. Denn diese Qualitäten sind es, die für attraktive Körperkonturen unentbehrlich sind – ebenso wie für die Gesundheit und Beweglichkeit im Alltag. Das Bodystyling der neuen Generation beinhaltet, dass Sie lernen, die Muskeln zu spüren und zu visualisieren; Sie arbeiten langsam und sinnlich. Denn es geht nicht darum, Bewegungen einfach nachzuahmen, sondern darum, ein neues Körperbewusstsein zu entwickeln, das ein viel effizienteres Training möglich macht. Das neue Bodystyling integriert neben Muskelkraftausdauertraining Stabilisations- und Gleichgewichts- sowie Beweglichkeitsübungen. Auch funktionelles Training fließt seit Jahren in meine Programme mit ein, das heißt die Nachahmung von Bewegungen aus dem alltäglichen Leben. Denn die meisten meiner Kunden wollen Programme, die sie zu Hause oder unterwegs ausführen können – statt viele Stunden pro Woche im Fitness-Studio zu verbringen.

Training für Gesundheit, Fitness, Schönheit

Durch regelmäßiges Training von nur wenigen Minuten am Tag werden Ihre Muskeln besser durchblutet und mit Sauerstoff versorgt. Fettgewebe in und um die Muskeln herum verschwindet. Ihre Haut bekommt einen schöneren Teint, sie wird glatter, jünger, vitaler. Das Bindegewebe um die Muskulatur wird fester. Zudem schützen gut trainierte Muskeln die Gelenke und nehmen übermäßige Belastungen von Sehnen und Bändern. Das Ergebnis: Sie können sich besser und flinker bewegen und bis ins hohe Alter Sport betreiben. So macht Sie das Make-up unter der Haut nicht nur schöner, sondern garantiert auch eine hohe Lebensqualität!

Die Spielregeln des Trainings

Doch das Training kann nur dann eine nachhaltige Wirkung haben, wenn Sie es mit Konsequenz durchführen. So müssen Sie ausreichend Zeit für die Programme einplanen, die ich Ihnen anbiete. Fangen Sie dabei lieber bescheiden an. Nehmen Sie sich vor, mindestens einmal pro Woche an einem bestimmten Tag zu einer festgelegten Uhrzeit zu üben. Die Übungen, die ich für den Alltag vorschlage, sollten Sie mit eiserner Disziplin, aber auch spielerisch in Ihren Alltag integrieren. Wenn das klappt, fügen Sie ein weiteres Programm und einen zusätzlichen Übungstag hinzu. Disziplinieren Sie sich aber vor allem auch dahingehend, nicht zu übertreiben. Wenn ein bisschen Training gut ist, heißt das nicht, dass mehr besser ist.

Das M3®-Konzept – Selbstwahrnehmung als Prinzip

Eine Übung ist nur dann effektiv, wenn tatsächlich der gewünschte Muskel trainiert wird. Dazu ist es notwendig, dass Sie Ihren Körper deutlich spüren. Sie sollten sich daher vor jeder Übung drei Fragen stellen:

1. Welche Muskeln möchte ich jetzt trainieren?
2. Wo liegen diese Muskeln?
3. Wie bewegen sich diese Muskeln?

Was die genaue Lage angeht, kann ein anatomischer Atlas von Nutzen sein. Wichtiger ist jedoch das Touchsystem,

das Sie in diesem Buch kennen lernen werden (siehe Seite 22), weil es Ihnen einen sinnlichen Eindruck vermittelt und Sie wirklich spüren, wo die Muskeln liegen.
Außerdem sollten Sie Ihren Körper ganz objektiv betrachten. Wie stehen, gehen und bewegen Sie sich? Ist eine Schulter höher als die andere, ein Arm schwächer? Bauen Sie schnell Muskeln auf oder dauert es ewig? Indem Sie sich diese Fragen beantworten, können Sie meine Programme ganz gezielt einsetzen.

Die vier Bewusstseinsstufen

Dazu kommt die Selbstwahrnehmung während des Übens und bei der Umsetzung des Gelernten im Alltag. Sie erfolgt in vier Stufen:

1. Unbewusste Inkompetenz
Sie führen eine Bewegung aus und merken nicht, welche Fehler sich dabei einschleichen. Achten Sie auf meine Anweisungen, damit Sie die nächste Stufe erreichen.

2. Bewusste Inkompetenz
Sie führen die Bewegung aus, merken den Fehler und korrigieren ihn ganz bewusst.

3. Bewusste Kompetenz
Sie führen die Bewegung richtig aus. Sie behalten genau im Auge, was alles bei der Ausführung stimmen sollte.

4. Unbewusste Kompetenz
Sie führen die Bewegung ganz automatisch richtig aus. Es kann dauern, bis Sie diese Stufe erreichen, vor allem im Alltag. Bestimmte Bewegungen oder Haltungen werden eher auf Stufe 3 bleiben.

Wie Ihnen Buch und CD als Personal Trainer dienen

Lesen Sie das Buch zunächst in aller Ruhe durch und schauen Sie sich die Fotos genau an. Mit einem kritischen Auge überlegen Sie, in welche Körpertyp-Kategorie Sie fallen, welches Training Sie bisher gemacht haben und was Sie jetzt ändern möchten. Hilfreiche Hinweise und Anregungen finden Sie im nächsten Kapitel unter dem entsprechenden Körpertyp. Wenn Sie sich mehr Kraft oder Flexibilität für bestimmte Körperpartien wünschen, können Sie passende Übungen zusätzlich zu Ihrem Hauptprogramm ins Training integrieren.

Bevor Sie dann die CD einlegen, probieren Sie die Übungen des ausgewählten Programms anhand der Beschreibungen im Buch in Ruhe aus. Die Anweisungen auf CD werden Ihnen anschließend helfen, die Bewegungen zu perfektionieren, und die Musik wird Ihnen Kraft und Inspiration geben.

Gönnen Sie sich einen Personal Trainer

So gut ein Buch sein mag, es ersetzt nicht die persönliche Kontrolle einer Fachperson. Wenn Sie die nötigen Erfolge nicht allein erzielen, können Sie in sich und Ihre Gesundheit investieren, indem Sie sich einen Personal Fitness Trainer gönnen. Er macht einem oft in kurzer Zeit klar, wofür man allein sehr lange gebraucht hätte. Die Methoden in diesem Buch werden von den QPT® – Qualified Personal Fitness Trainern – eingesetzt. Informationen und hilfreiche Adressen dazu finden Sie auf Seite 78.

Das richtige Programm

Bodystyling à la Jennifer Wade verspricht Ihnen Beweglichkeit, Stabilität und Muskelstraffung. Auch wenn Sie Ihrem Körper optimale Proportionen verschaffen möchten, finden Sie in diesem Buch die entsprechenden Programme. Wie ich immer sage: Mit einer Prise Disziplin und Geduld erreichen Sie die gewünschten Ziele. Aber vergessen Sie auch diesen Spruch nicht: Der Weg ist das Ziel. Es sollte Ihnen Spaß machen, an Ihrem Körper zu arbeiten. Viele meiner Übungen sollten Sie so verinnerlichen wie das Zähneputzen! So wird Bodystyling zum Lifestyletraining!

Ein Personal Trainer kann die Trainingserfolge verbessern und beschleunigen.

Core- und Techniktraining – die Basis für den Erfolg

Eine absolut stabile Körperhaltung in Kombination mit der perfekten Technik ist die beste Garantie für ein effektives wie körperschonendes Training.

Für viele Leute ist Körpertraining wie eine Diät. Wenn's auf die eine Art nicht klappt, meinen sie, die nächste wird endlich die magische Wirkung bringen. Vernünftige Leute wissen mittlerweile, dass nicht eine bestimmte Diät den Erfolg bringt, sondern dass man eine gesunde Ernährungsbasis schaffen muss, bei der man dann auch bleibt. So verhält es sich auch mit dem Körpertraining. Sie müssen eine Basis schaffen, die aus Stabilität und Technik besteht. Hinzu kommt die Auswahl des richtigen Programms für Ihren Körpertyp, abgestimmt auf Ihren Lebensstil.

Was heißt Core-Training?

Core ist ein englischer Begriff und heißt Kern oder Mittelpunkt. Im Fitnessbereich gibt es den Begriff noch nicht allzu lange. Es ist eine neue Bezeichnung für Stabilitätstraining. Die Stabilität fängt in der Mitte des Körpers an. Wenn Sie in einer stabilen Position trainieren, können Sie nicht mit Schwung arbeiten, sondern müssen wirklich die entsprechenden Muskeln einsetzen. Rücken und Gelenke werden auf diese Weise geschützt. Core-Training zielt auf die Qualität der Bewegung ab – das bedeutet größtmögliche Effizienz und damit bestmögliche Trainingsergebnisse in kürzester Zeit.

Kraft im Körper

Ich habe meine persönliche Drei-Punkte-Core-Übung entwickelt, die ich KiK nenne – Kraft im Körper. Das äußerst positive Feedback meiner Kunden ist, dass sie nicht nur eine bewusste Stabilität sowie eine bessere Körperhaltung gewonnen haben, sondern auch ein enormes Gefühl von Kraft und Energie. Verspannungen im Nackenbereich und Rückenprobleme werden erstaunlich schnell gebessert oder beseitigt, die normalerweise schwachen Muskeln im mittleren Rücken gekräftigt. KiK kann überall und zu jeder Zeit praktiziert werden. Es ist grundlegend für jede einzelne Übung in diesem Buch. Wie KiK funktioniert, lernen Sie ab Seite 18.

Typgerechtes Training – die fünf Körpertypen

Es ist mein Grundprinzip als Personal Fitness Trainerin, für jeden Klienten ein maßgeschneidertes Programm zu entwickeln. Dabei spielt es eine wichtige Rolle, welcher Körpertyp Sie sind. Im Folgenden beschreibe ich die typischsten Figur-Varianten, wobei es natürlich Mischformen gibt. Erkennen Sie sich in einer oder mehreren der folgenden Typ-Beschreibungen? Dann beherzigen Sie die jeweiligen Trainingstipps, um Ihr ganz individuelles Programm zu entwerfen.

Die Birnenfigur

Eigenschaften: Die Birne ist oben schmal, unten – vor allem an Hüften und Oberschenkeln – stärker gebaut.
Trainingstipps: Sie sollten vor allem den Oberkörper kräftigen, besonders Arme und Schultern. Für den Unterkörper gilt: mit geringem Widerstand trainieren, Muskelkraftübungen nur in geringen Dosen praktizieren, stattdessen die Hüften und Beine konsequent dehnen. Das fördert die Durchblutung; Bindegewebe und Muskeln in den Beinen und im Hüftbereich werden schneller entschlackt. So kann Fett im Unterkörper effizienter abgebaut werden. Meiden sollten Sie Stepp- und Bauch-Beine-Po-Kurse. Stattdessen empfehle ich am Anfang Walking sowie Aquajogging, später Crosstraining.

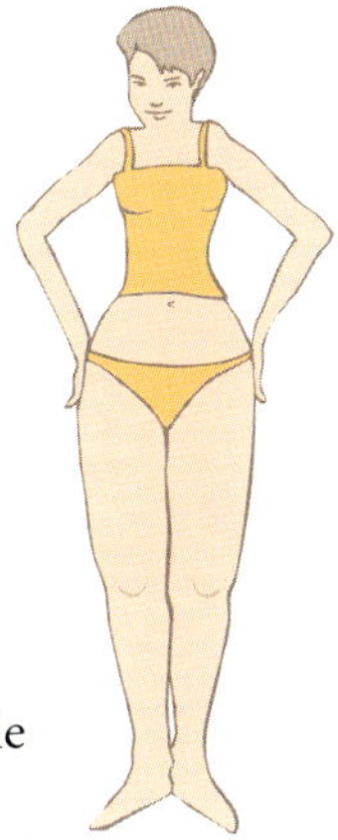

Die Apfelfigur

Eigenschaften: Die Beine sind normalerweise schlank und schön geformt. Zugenommen wird vorwiegend an Bauch, Taille und Rücken. Das Gesäß ist oft flach, die Oberarme sind weich und ohne Muskeltonus.
Trainingstipps: Arme, Rücken und Bauch brauchen ein Muskelkraftausdauertraining. Dehnübungen für Taille und Brust sind unentbehrlich, um eine gute Durchblutung und Entschlackung zu gewährleisten. Ganz wichtig: Der Bauch muss beim Üben konsequent innen gehalten werden, sonst wölbt er sich noch mehr nach außen. Ihr Ziel: Fatburning; ein flacher Bauch. Das erreichen Sie durch Walking, Jogging und besonders auch Rudern.

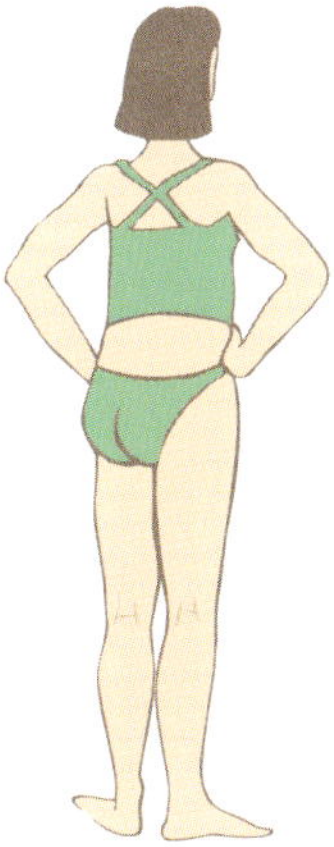

Die Spargelfigur

Eigenschaften: Arme und Beine sind lang und schlank, die Schultern oft schmal; der mittlere Rückenbereich ist häufig schwach. Der Muskelaufbau gestaltet sich eher schwierig.
Trainingstipps: Für Sie ist ein Ganzkörper-Workout optimal. Anfangs sollten Sie mehr Wiederholungen machen, später etwas weniger, dafür mit mehr Krafteinsatz. Die Waden sollten nicht vernachlässigt werden, damit sie schöne Konturen bekommen. Priorität hat am Anfang der Muskelaufbau, aber auch Dehnübungen können aus allen anderen Programmen hinzugefügt werden. Ein Herz-Kreislauf-Training sorgt für Ausdauer und Kondition. Als Spargel können Sie freudig jede Art von Sport betreiben. Am besten ist Crosstraining: zum Beispiel wöchentlich ein- bis zweimal Radfahren, ein- bis zweimal Walking und/oder Jogging, gemischt mit Inline-Skating, Schwimmen, Aquajogging etc.

Die Karottenfigur

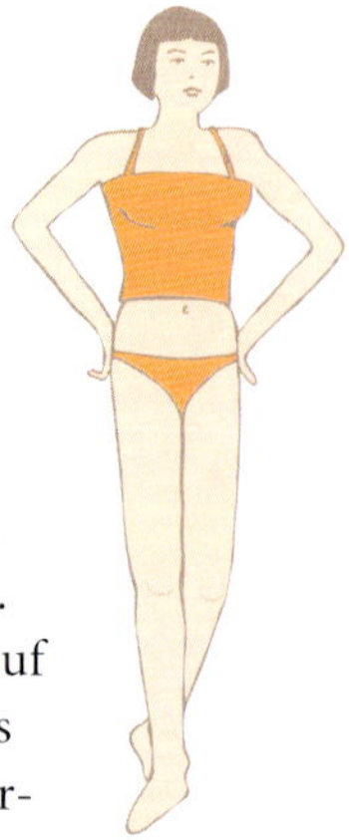

Eigenschaften: Breite Schultern, eher schmale Hüften, schön geformte Beine samt Waden; kann zum Rundrücken neigen. Sie baut leicht Muskeln auf und muss aufpassen, dass sie den Körper nicht übertrainiert.
Trainingstipps: Wie für den Spargel ist auch für Sie ein Ganzkörper-Workout zu empfehlen. Bauen Sie aber unbedingt reichlich Dehnübungen ein, besonders für die Beine. Um diese nicht überzutrainieren, besuchen Sie Bauch-Beine-Po- und Stepp-Kurse höchstens einmal pro Woche. Machen Sie stattdessen ein Crosstraining aus Schwimmen, Laufen, Walken, Rudern und Spinning mit wenig Widerstand.

Die Paprikafigur

Eigenschaften: Arme und Beine sind oft relativ kurz, die Schultern schmal, die Waden eher stark gebaut. Häufig ist der Körper gleichmäßig gerundet.
Trainingstipps: Ziel für die Paprika ist eindeutig abzunehmen, daher geht

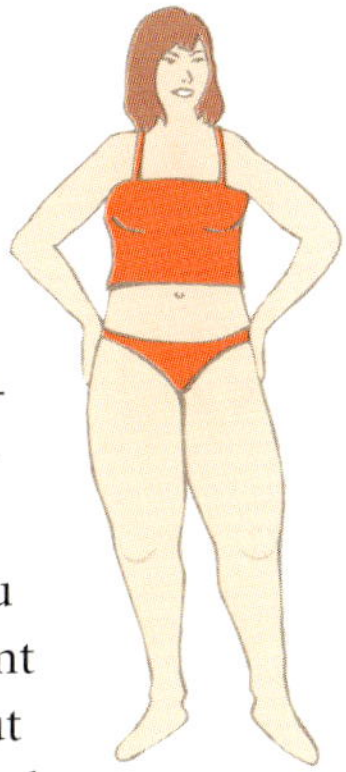

es nicht darum, Muskelmasse aufzubauen, sondern vielmehr die Muskeln an den Gelenken zu mobilisieren, um sie samt Sehnen und Bändern gut durchblutet, elastisch und widerstandsfähig zu halten. So kann die Paprika unbeschadet ein Fettverbrennungsprogramm absolvieren. Walking ist hier am Anfang die allerbeste Trainingsform.

Haben Sie sich erkannt? Falls Sie nicht eindeutig zu einem Typ gehören, macht das gar nichts. Das Wichtigste ist zu wissen, wie Sie auf Training reagieren – um dann das optimale Programm für sich zu entwickeln.

Weniger ist mehr!

Für manche Fitnessbegeisterten eine wirklich wichtige Botschaft. Mit zu viel Training übersäuern Sie nämlich die Muskulatur, Ihr Stoffwechsel wird blockiert. Anstatt Fett abzubauen, trainieren Sie es regelrecht an. Daher: In Maßen und mit Bedacht trainieren! So stellt sich der gewünschte Erfolg bald ein.

Tipps für das Üben mit CD

Training in den ersten vier Wochen

- Karotte und Paprika: Oberkörper einmal pro Woche
- Birne, Apfel und Spargel: Oberkörper zweimal pro Woche
- Birne und Karotte: Unterkörper einmal pro Woche
- Spargel und Apfel: Unterkörper zweimal pro Woche
- Paprika: multifunktionelle Übungen und Intensivprogramm mit Stuhl und Tuch jeweils einmal wöchentlich

Nach den ersten vier Wochen

- Je nachdem, wie Ihr Körper reagiert hat, das Training entsprechend ergänzen oder wechseln
- Alle Körpertypen: das Intensivprogramm mit Stuhl und Tuch einmal wöchentlich als Steigerung und Ergänzung durchführen
- Spargel und Apfel: die multifunktionellen Übungen einmal wöchentlich als Ergänzung praktizieren
- Birne und Karotte: die Übungen für den Unterkörper weglassen und stattdessen einmal wöchentlich die multifunktionellen Übungen einsetzen
- Paprika: als Ergänzung einmal pro Woche den Oberkörper trainieren

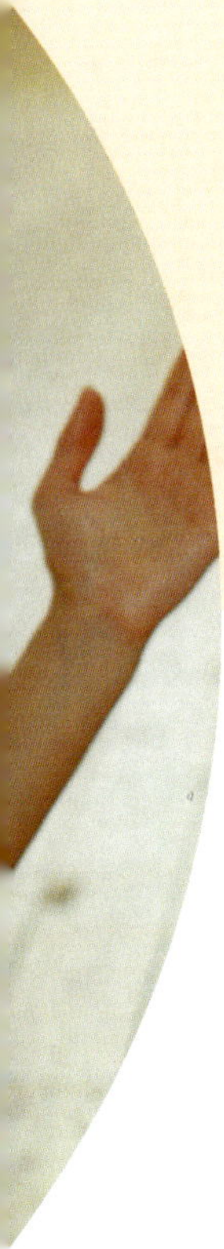

BEWEGLICH, FIT UND VOLLER KRAFT

Individualität ist beim Training sehr wichtig. Mit dem gezielten Ober- und Unterkörper-Programmen können Sie gemäß der fünf Körpertypen ganz genau dosieren, welchen Bereich Sie wie stark trainieren wollen. Lesen Sie genau und lassen Sie sich Zeit, jede Übung in Ruhe auszuprobieren. Spüren Sie, wie sich die Muskeln bewegen. Machen Sie es zu Ihrem Ziel, so exakt wie möglich zu arbeiten. Und dann freuen Sie sich über die Wirkungen!

Die wichtigsten Trainingsprinzipien

WORAUF SIE ACHTEN SOLLTEN

Die Schulterblätter müssen unbedingt unten bleiben, während Sie die Schulterblätterspitzen zusammenziehen. Sonst riskieren Sie Spannungen im Nackenbereich.

Auf der CD Track 2

Auf den folgenden acht Seiten möchte ich Ihnen die Grundlagen vorstellen, auf denen mein Programm basiert. Bitte lesen – und üben – Sie diese ganz besonders aufmerksam. Ohne sie ist das ganze Training nur halb so viel wert. Und ohne sie werden Sie nicht die gewünschten Erfolge erzielen. Das gilt ganz besonders für KiK, das Ihnen Kraft und Stabilität verleiht.

Was diese Übung bewirkt

»Kraft im Körper« – kurz: KiK – ist die ultimative Übung für eine stabile Körperhaltung, die in jeder Position ausgeführt werden kann. KiK stärkt den oberen Rücken, dehnt Nacken und unteren Rücken. Durch die Aktivierung der tief liegenden Bauchmuskeln stimuliert KiK zudem die inneren Organe im Bauchraum.

KiK im mittleren Rücken

- Ich schlage vor, KiK zuerst im Sitzen auf einem Stuhl zu probieren. Die Beine bilden dabei einen 90°-Winkel. KiK beginnt immer im mittleren Rücken.
- Bevor Sie die Muskeln anspannen, ist es wichtig, die Schultern sowie den mittleren Rücken zu mobilisieren: Strecken Sie die Arme ganz lang – nach vorn, dann nach unten, wobei die Handrücken zusammenkommen. Lassen Sie den Kopf sinken und machen Sie einen richtig runden Rücken. Ziehen Sie die Schulterblätter auseinander und spüren Sie, wie sich das anfühlt. ❶
- Nun öffnen Sie die Arme nach hinten unten. Die Schulterblätter schieben sich automatisch zusammen. Spüren Sie erneut, wie sich das anfühlt, und merken Sie sich auch dieses Gefühl. ❷

TIPP

KiK können Sie nahezu jederzeit und überall üben. Tun Sie es sooft wie möglich – im Sitzen, Stehen oder Liegen. Während Sie in der Warteschlange oder an einer Ampel stehen, im Zug oder im Flugzeug, bei Vorträgen, im Theater oder im Bett.

1

2

3

- Heben Sie jetzt die Schultern zu den Ohren 3 und lassen Sie sie dann so weit wie möglich nach unten sinken. Verinnerlichen Sie auch hier, wie sich alle beteiligten Muskeln anfühlen.
- Nun geht's los mit KiK: Schieben Sie die Schulterblätter tief in Richtung Gesäß. Die Anspannung kurz halten und nochmals ganz fest nach unten schieben. Sie sollten dabei ein deutliches Ziehen in der seitlichen Nackenmuskulatur spüren, die zu den Schultern hin verläuft. Und noch einmal nach unten ziehen und ganz gut festhalten. 4
- Nun müssen Sie sich konzentrieren, um eine kleine, aber sehr wichtige Bewegung auszuführen: Versuchen Sie die unteren Spitzen der Schulterblätter zu spüren und zu visualisieren. Die Schulterblätter sind fest nach unten gezogen und jetzt ziehen Sie die Spitzen minimal nach innen zur Wirbelsäule. Sie sollten die Anspannung im oberen Teil der breiten Rückenmuskeln beziehungsweise an der Außenseite der Schulterblätter unter der Achsel spüren. Lassen Sie die Schulterblätter nicht nach oben kommen! Die Bewegung passiert in der Mitte des Rückens.
- Lockern Sie die Schultern und probieren Sie es gleich noch einige Male. Es ist eine kleine Bewegung mit viel Wirkung.

4

1

2

Auf der CD
Track 2

KiK mit Nacken und Kinn

- Nehmen Sie die KiK-Haltung im mittleren Rücken ein. Und nun entspannen Sie sich in dieser Position. Das heißt, Sie bleiben aufrecht, halten die Schulterblätter leicht unten und zusammen, aber nicht komplett angespannt.
- Drücken Sie das Kinn nach vorn, als würden Sie etwas genauer ansehen wollen, das weiter weg liegt. 1 Ziehen Sie nun das Kinn nach hinten zum Nacken. Wiederholen Sie dies einige Male.
- Jetzt, ohne zuerst nach vorn zu kommen, ziehen Sie das Kinn nach hinten. Der Nacken streckt sich dabei. Legen Sie die Finger auf den Nacken und spüren Sie nach, ob die Muskeln sich etwas bewegen. 2 Aber auch ohne diese Kontrolle sollten Sie die Streckung spüren. Halten Sie die Spannung für 2 bis 4 Sekunden.
- Als kleine Hilfe können Sie das Kinn leicht zur Brust senken und gleichzeitig den Hinterkopf sanft in Richtung Decke ziehen.
- Sie können auch mit Zeige- und Mittelfinger ans Kinn drücken, um die Bewegung nach hinten zu verstärken.
- Probieren Sie auch dieses Element von KiK öfters. Es wirkt Wunder für verspannte Nacken.

KiK im Bauch und unteren Rücken

- Legen Sie eine Hand auf den Bauch, den Daumen oberhalb, die Finger unterhalb des Nabels. Drücken Sie nur durch Muskelkraft den Bauch nach außen – nicht durch die Atmung! 3
- Jetzt ziehen Sie den Bauch nur durch Muskelkraft tief nach innen und spannen ihn an. 4 Atmen Sie ruhig weiter. Als kleiner Test zählen Sie laut von 20 rückwärts. Wiederholen Sie dies ein paar Mal, bis Sie es schaffen die Bewegung ausschließlich durch Muskelkraft zu steuern. Nehmen Sie sich Zeit und haben Sie Geduld. Diese Übung benötigt anfangs viel Konzentration.

3

4

5

- Jetzt ziehen Sie nur durch Muskelkraft den Bauch tief nach innen und leicht nach oben.
- Wenn Sie die innere Kraft entwickeln, können Sie spüren, wie die Muskulatur von den Hüftbeugern nach oben gezogen wird und wie sich die Muskeln im Rücken dehnen.

KiK komplett

- Ziehen Sie die Schulterblätter tief nach unten und die Schulterblattspitzen zusammen.
- Drücken Sie das Kinn nach hinten in Richtung Nacken und ziehen Sie den Hinterkopf leicht nach oben.
- Saugen Sie den Bauch tief nach innen und etwas nach oben.
- Halten Sie die Anspannung für etwa vier Sekunden. 5

Üben Sie KiK im Büro: Machen Sie vor und nach jeder Kaffeepause jeweils zwei Wiederholungen. Wenn Sie als Friseur, Zahnärztin, Visagist oder Kosmetikerin arbeiten, also in einem Beruf, in dem Sie sich häufig nach vorn beugen müssen: Machen Sie KiK mindestens einmal in jeder Zwischenpause!

Auf der CD
Track 2

WORAUF SIE ACHTEN SOLLTEN

Ziehen Sie das Kinn wirklich nach hinten zum Nacken. Der Kopf darf auf keinen Fall nach hinten fallen.

1

Das M3®-Touchsystem – Muskelkontakt aufnehmen

Viele Menschen haben Probleme, ihren Körper ganz bewusst und detailliert zu spüren. Ich habe deshalb mit meinem M3®-System eine Methode entwickelt, wie Sie wieder Kontakt zu Ihrem Körper aufnehmen und dadurch wesentlich effizientere Muskelarbeit leisten können.

Der wichtigste Aspekt ist hierbei der Muskelkontakt: Berühren Sie die Muskeln, die Sie trainieren wollen, vorher. Das hilft, die neuromuskuläre Verbindung zwischen Gehirn und Muskel zu schaffen. Oder anders gesagt: Die Berührung signalisiert Ihrem Gehirn – das jede Muskelaktivität steuert –, welcher Muskel gemeint ist. So wird Ihnen der gesamte Muskel bewusst. Wenn Sie dann die jeweilige Übung beginnen, schickt das Gehirn schneller die Nachricht zum entsprechenden Muskel, dass er sich zusammenziehen soll – so reagiert er direkter und arbeitet genauer und effizienter.

Bei manchen Übungen gebe ich genaue Hinweise, wie Sie die Muskeln massieren oder berühren sollen. Aber auch wenn es nicht extra angemerkt ist, können Sie das M3®-Touchsystem jederzeit praktizieren und so Ihr Körperbewusstsein Schritt für Schritt ausdehnen und verfeinern.

Es ist besonders wirksam, wenn Sie es bei sehr schlaffen Muskeln einsetzen – wie die der inneren Oberarme oder am Bauch.

TIPP

➤ Das Touchsystem ist besonders wirksam, wenn Sie es bei Muskeln einsetzen, die sehr schlaff sind – wie die inneren Oberarm- oder Bauchmuskeln.

Und so üben Sie richtig

- Nehmen Sie Daumen, Zeige- oder Mittelfinger, drücken Sie ihn in den Muskel hinein und massieren Sie ihn kreisförmig. 1
- Wenn Sie den Muskel loslassen, sollte immer noch das Druckgefühl spürbar sein.
- Und dann machen Sie die entsprechende Übung.

Bodytechnologie – gesund und effektiv trainieren

Schlechte Körpermechanik kann zu strukturellen Schwachpunkten oder Fehlfunktionen führen. Arbeiten Sie deshalb mit Präzision und einwandfreier Technik. So brauchen Sie auch weniger Wiederholungen zu machen und müssen nicht so häufig trainieren. Überdies erzielen Sie bessere Resultate. Das perfekte Wirtschaftsprinzip!

Und so arbeiten Sie mit meinen Programmen: Die meisten Übungen müssen Sie anfangs nur viermal wiederholen – wenn Sie mit vollem Einsatz arbeiten. Schaffen Sie mehr Wiederholungen, so müssen Sie überprüfen, ob Sie auch wirklich technisch perfekt üben.

Zur vollkommenen Bodytechnologie gehört immer auch die höchstmögliche Stabilität im Körper, die Sie mit KiK erreichen. Kleine Ausnahme: In der Rückenlage wird der Kopf in der Regel mit einem kleinen Kissen oder gefalteten Tuch gestützt, daher müssen Sie nicht immer extra das Kinn nach innen ziehen. Und bei manchen Übungen brauchen Sie die Schulterblätter nur nach unten und nicht zusammenzuziehen. Außerdem gilt:

So üben Sie richtig

- Bei Übungen im Stand stehen Sie grundsätzlich mit geraden Beinen. Die Knie sind weder gebeugt noch überstreckt. 2 Wir arbeiten funktionell. Sie gehen ja auch nicht mit gebeugten Beinen spazieren oder stehen mit gebeugten Knien in der Warteschlange an der Kasse.
- Wenn Sie bei einer Übung ein Bein oder einen Arm anspannen, halten Sie den entsprechenden Fuß oder die Hand jeweils stabil, aber locker – ohne Energie. Sie können zum Beispiel eine lockere Faust machen, aber die Spannung bleibt im oberen Arm.

WORAUF SIE ACHTEN SOLLTEN

Machen Sie vor jeder Übung einen Body-Check: Die Startposition sollte genau stimmen. Stabilisieren Sie die Gelenke. Berühren und massieren Sie, wenn möglich, die zu trainierende Muskulatur.

2

WORAUF SIE ACHTEN SOLLTEN

Machen Sie vor jeder Übung einen Body-Check: Die Startposition sollte genau stimmen. Stabilisieren Sie die Gelenke. Berühren und massieren Sie, wenn möglich, die zu trainierende Muskulatur.

Das erlaubt der Energie, beim Training dahin zu fließen, wo der Hauptmuskel arbeitet.

- Visualisieren Sie die Hüftknochen als Scheinwerfer. Das hilft bei den Richtungshinweisen – etwa beim Beckenkippen im Stand: Lassen Sie die Scheinwerfer an die Decke leuchten. (1)
- Bei Kraftübungen sollten Sie immer die Brustkorbatmung praktizieren. Sie funktioniert so: Legen Sie die Hände auf die untersten Rippen und üben Sie, ausschließlich in den Brustkorb ein- und auszuatmen. Dabei hebt und senkt sich der Brustkorb und nicht der Bauch. (2) Wenn Sie die Anspannung im Bauch halten, atmen Sie ganz natürlich weiter in den Brustkorb.
- Wenn Sie in der Rückenlage den Bauch nach innen ziehen, visualisieren Sie, wie Sie versuchen, den Reißverschluss einer engen Jeans zuzumachen. Das hilft Ihnen bei den Crunches.

TIPP

- Schenken Sie Ihrer Muskulatur, während Sie üben, Ihre volle Aufmerksamkeit. So trainieren Sie wesentlich effektiver.

1

2

3

4

5

Richtig zu Boden gehen

Bei vielen meiner Programme werden Sie von einer stehenden Position zu einer liegenden kommen.

Und so üben Sie richtig

- Machen Sie einen großen Schritt nach vorn, so dass das vordere Bein einen Winkel von mindestens 90° bildet. 3
- Nun befindet sich das Knie des hinteren Beins hinter dem Gesäß; der vordere Fuß ist flach am Boden und weist geradeaus; der hintere Fuß steht auf dem Ballen und ist ebenfalls nach vorn gerichtet.
- Das Körpergewicht sollte möglichst gleichmäßig auf beiden Beinen ruhen. Die Hände umfassen den oberen Teil des vorderen Oberschenkels, wobei die Fingerspitzen nach außen zeigen. 4
- Nun KiK einnehmen: erst im mittleren Rücken, dann mit Kinn und Nacken und schließlich mit Bauch und unterem Rücken.
- Senken Sie Ihr Körpergewicht gerade zum Boden. Das Knie des vorderen Beins bleibt dabei immer hinter dem Fußknöchel!
- Sie können dann in den Vierfüßlerstand kommen und sich von dort aus entweder hinlegen oder -setzen. 5
- Haben Sie immer ein mittelgroßes Tuch oder Handtuch parat – als Kopfkissen und Arbeitsgegenstand.

WORAUF SIE ACHTEN SOLLTEN

Schieben Sie auf keinen Fall das vordere Knie nach vorn. Es sollte immer über dem Fußknöchel oder dahinter bleiben. Einsteigern empfehle ich, sich zuerst mit einer Hand an einem Stuhl festzuhalten, um die Technik richtig ausführen zu können.

Das Training für den Oberkörper

WORAUF SIE ACHTEN SOLLTEN

Der Oberarm bleibt bei beiden Übungen absolut ruhig. Die Hand ist nur zu einer lockeren Faust geballt. Sie sollten die Spannung möglichst ausschließlich im Oberarm spüren.

Auf der CD
Track 4

Fast alle Frauen meinen, Unterkörpertraining habe Vorrang. Das ist ein Irrtum! Besonders Paprika- und Birnenfiguren sollten den Schwerpunkt zunächst auf das Training für den Oberkörper legen. Straffe Arme und ein starker, aufrechter Rücken mit leichten Muskelkonturen sind nicht nur optisch, sondern auch funktionell das beste Anti-Aging-Elixier.

Bizeps Curls

Was diese Übungen bewirken

Bizeps Curls: Ihre Oberarme bekommen schöne Konturen und eine straffe Haut.

Trizeps-Strecker: Durch die Stabilisation im Schultergelenk und die volle Streckung des Armes straffen Sie einen Teil des Trizeps, der normalerweise schwer zu erreichen ist.

1

- Stehen Sie aufrecht, die Beine etwas mehr als schulterbreit auseinander. Spreizen Sie die Zehen. Spüren Sie, wie der ganze Fuß Ihr Gewicht gleichmäßig trägt. Die Beine sind locker, aber stabil. Bitte *nicht* beugen oder ganz durchstrecken!
- Spannen Sie den rechten Bizeps leicht an und massieren Sie mit dem linken Daumen genau die Mitte des Muskels. Sie müssen hier die Anspannung deutlich spüren.
- Pressen Sie den rechten Oberarm dicht an die Seite. Schieben Sie die Schulterblätter nach unten und halten Sie den Ellbogen möglichst in der Taille. Der Unterarm bildet einen 90°-Winkel und eine Linie mit dem Handgelenk. Die Hand bleibt entspannt, aber stabil.

2

3

4

- Legen Sie die linke Hand auf den rechten Unterarm. 1
- Nehmen Sie die KiK-Haltung ein.
- Atmen Sie ein und drücken Sie mit der linken Hand von oben auf den rechten Unterarm, während Sie den Unterarm in Richtung Schulter führen. Atmen Sie dabei aus. 2
- Behalten Sie den Druck auf den Unterarm bei und bringen Sie ihn wieder in die Startposition.
- Viermal wiederholen, die Arme kurz ausschütteln und dann die Seite wechseln.

Trizeps-Strecker

- Nehmen Sie dieselbe Position ein wie bei der Bizepsübung.
- Pressen Sie den rechten Oberarm an die Seite. Ziehen Sie das rechte Schulterblatt nach unten und halten Sie den Ellbogen in der Taille. Der Unterarm bildet einen 90°-Winkel und eine Linie mit dem Handgelenk. Die Hand bleibt locker, aber stabil.
- Legen Sie die linke Hand in Achselhöhe auf den hinteren rechten Oberarm. Massieren Sie mit dem Mittelfinger den Muskel. 3
- Nehmen Sie die KiK-Haltung ein. Strecken Sie den rechten Arm vollkommen durch und spüren Sie, wie sich der Muskel im hinteren Oberarm zusammenzieht. 4 Halten Sie die Spannung und bringen Sie den Unterarm zurück in den 90°-Winkel.
- Viermal wiederholen, Arme ausschütteln, Seite wechseln.

TIPP

- Spüren Sie, wie die Arme unterschiedlich arbeiten? Welcher Arm hat mehr Kraft? Machen Sie mit dem schwächeren Arm immer ein paar Wiederholungen mehr! Für den Alltag lernen Sie Gepäck und Taschen bewusst zu tragen, so dass die Muskeln im Arm wirklich effizient arbeiten.

1

Hohlbauch im Stand

Was diese Übung bewirkt

Der Hohlbauch ist die ultimative Übung für einen flachen, attraktiven Bauch und einen supergesunden Rücken! Sie entlasten den Rücken, da Sie einen kleinen Muskel im unteren Rücken, den Multi-Fidus, bewegen. Das tut der Lendenwirbelsäule gut. Gleichzeitig werden die Bauchorgane besser durchblutet und funktionieren so effizienter. Und sogar bei Inkontinenz ist diese Übung hilfreich, da sie den Beckenboden entlastet und kräftigt.

Auf der CD
Track 5

- Legen Sie eine Hand auf den Bauch, den Daumen in Nabelhöhe, die Finger am unteren Bauch. Ziehen Sie nun den Bauch tief nach innen – aber nur durch Muskelkraft! Zählen Sie zur Kontrolle von 20 laut und langsam rückwärts. Sehen Sie! Sie können sprechen und trotzdem den Bauch innen halten. Strengt an, aber tut gut.
- Halten Sie nun die Hände unter die letzten Rippen und atmen Sie tief in den Brustkorb ein. Den Brustkorb dabei richtig weiten. Das geht auch! Prima. Üben Sie das ein paar Mal.
- Nun kombinieren Sie beides: Platzieren Sie eine Hand auf dem Bauch, eine unter den letzten Rippen. Ziehen Sie jetzt den Bauch nach innen und atmen Sie in den Brustkorb ein. Dann lang und tief ausatmen und den Bauch noch tiefer nach innen und ein bisschen nach oben ziehen. 1
- Halten Sie die Spannung etwa zwei Sekunden, während Sie die Schulterblätter noch weiter nach unten ziehen. Der Rücken bleibt kerzengerade.
- Viermal ganz langsam und sinnlich üben.

TIPP

Sie können den Hohlbauch im Stehen oder Sitzen fast überall praktizieren. Nehmen Sie sich vor, ihn viermal über den Tag verteilt zu üben – oder immer dann, wenn Sie merken, dass Ihr Bauch »heraushängt«. Diese Übung ist ganz besonders wichtig für Apfelfiguren.

2

Hohlbauch mit Druck im Liegen

- Sie liegen auf dem Rücken, den Kopf auf ein gefaltetes Tuch oder kleines Kissen gebettet. Stellen Sie die Beine schulterbreit auf, die Fußsohlen liegen flach am Boden, die Arme sind locker neben dem Körper ausgestreckt.
- Beugen Sie nun die Unterarme in Richtung Kopf. Die Ellbogen bleiben dabei fest am Boden.
- Nun ziehen Sie den Bauch nach innen und atmen in den Brustkorb ein. Atmen Sie aus und ziehen Sie dabei den Bauch noch weiter ein, während Sie die Ellbogen so fest Sie können in den Boden drücken. 2
- Spüren Sie, wie sich die untersten Rippen in Richtung Hüftknochen bewegen – wie eine Ziehharmonika! Dabei ziehen Sie den Bauchnabel immer weiter nach innen.
- Atmen Sie ein und legen Sie die Arme kurz ab.
- Viermal wiederholen – mit viel Gefühl!

WORAUF SIE ACHTEN SOLLTEN

Ziehen Sie den Bauch wirklich nur durch Muskelkraft nach innen – und nicht, indem Sie einatmen. Und: übernehmen Sie sich nicht. Bleibt der Bauch brav innen, dann reichen vier Wiederholungen voll und ganz.

Auf der CD
Track 6

Die Qualübung

Was diese Übung bewirkt

Die Qualübung ist für alle erwachsenen Kinder, deren Mütter gesagt haben: »Steh gerade!« Sie ist das dynamische KiK, das uns lehrt, die Schulterblätter unten und innen zu halten – und die Arme entgegengesetzt zu bewegen. Dann stehen Sie mit der Zeit automatisch richtig, das heißt aufrecht – und strahlen Selbstbewusstsein aus. Außerdem lösen Sie mit der Qualübung Verspannungen im oberen Teil des Nackens.

WORAUF SIE ACHTEN SOLLTEN

Es kann nicht oft genug gesagt werden, wie wichtig es ist, den Bauch bei dieser Übung tief innen zu halten. So schützen Sie nämlich Ihren Rücken, indem Sie es vermeiden, ins Hohlkreuz zu gehen. Das mag anfangs schwer sein – aber Sie kriegen das mit der Zeit schon hin!

- Diese Übung führen Sie in der Rückenlage aus. Denken Sie daran, richtig zu Boden zu gehen (siehe Seite 25). Legen Sie den Hinterkopf auf ein Kissen oder zusammengefaltetes Tuch. Liegt der Kopf richtig, so sind Kinn und Nacken in der KiK-Position.
- Die Beine sind ausgestreckt, ebenso die Arme, die entspannt an der Seite des Körpers liegen. Verstärken Sie die KiK-Haltung des Nackens leicht, indem Sie ein Doppelkinn machen, und ziehen Sie den Bauchnabel nach innen. Strecken Sie nun die Arme durch und ballen Sie die Hände zur Faust; die Handrücken zeigen zur Decke. 1
- Nun ziehen Sie die Schulterblätter tief nach unten und dann die Spitzen zusammen. Halten Sie die Spannung für etwa zwei Sekunden, wobei Sie die Arme richtig durchstrecken.
- Wiederholen Sie das Ganze dreimal.
- Ziehen Sie jetzt die Schulterblätter noch einmal tief nach unten und dann die Spitzen nach innen. Heben Sie anschließend die Arme circa 2 cm nach oben. Stopp! Überprüfen Sie, ob die Schulterblätter weiterhin tief unten und die Spitzen innen bleiben. Die Arme müssen absolut durchgestreckt sein!

1

2

- Heben Sie die Arme weitere 2 cm nach oben, während Sie die Schulterblätter noch weiter nach unten und die Spitzen noch ein wenig mehr nach innen ziehen. Sie müssen das Gefühl haben, jemand zöge die Schnüre an Ihrem imaginären Korsett enger. Halten Sie diese Position einige Momente lang. 2
- Checken Sie, ob Sie immer noch ein Doppelkinn machen und vor allem ob Sie den Bauch richtig tief innen halten.
- Heben Sie ein letztes Mal die Arme 2 cm nach oben und ziehen Sie die Schulterblätter noch etwas weiter nach unten und innen.
- Senken Sie die Arme in der durchgestreckten Haltung zurück auf den Boden. Die Schulterblätter bleiben nach wie vor unten und die Spitzen innen!
- Achten Sie während der gesamten Übung darauf, ausschließlich in den Brustkorb, aber trotzdem ganz natürlich und regelmäßig zu atmen. Halten Sie auf keinen Fall die Luft an.
- Nur zweimal wiederholen – aber alles geben!

TIPP

- Die Muskeln im mittleren Rücken haben bei dieser Übung Priorität. Deshalb ist es wichtiger, die Schulterblätter unten und zusammen zu halten, als die Arme besonders hoch zu heben. Öffnen Sie die gestreckten Arme ein wenig, das macht es leichter, den Rücken in der richtigen Position zu halten.

Auf der CD
Track 7

Brust Flye

Was diese Übung bewirkt

Fast alle Alltagsbewegungen sind nach vorn und unten gerichtet, weshalb sehr viele Menschen einen verkürzten Brustmuskel und einen runden Rücken haben. Diese Übung dehnt den Nacken, festigt die Brustmuskulatur und ist überdies die perfekte Anti-Aging-Waffe gegen schlaffe innere Oberarmmuskeln.

WORAUF SIE ACHTEN SOLLTEN

Halten Sie die Schulterblätter so tief, dass Sie ein Ziehen im Nacken spüren. Gleichzeitig bleibt die Hauptanspannung in den Oberarmen.

- Sie liegen flach auf dem Rücken, den Hinterkopf auf einem Kissen oder gefalteten Tuch, die Beine schulterbreit aufgestellt, die Fußsohlen flach am Boden.
- Massieren Sie mit den Daumen die Brustplatte und dann abwechselnd die inneren Oberarme, genau da, wo die Muskeln eher schlaff sind und die Haut weich ist.
- Legen Sie die Arme seitlich ausgestreckt auf den Boden und

1

2

winkeln Sie die Unterarme im 90°-Winkel ab. Die Ellbogen bilden dabei eine Linie mit der Brustmitte und liegen etwas unterhalb der Schultern. ❶

- Ziehen Sie jetzt die Schulterblätter leicht nach unten.
- Atmen Sie ein und ziehen Sie beim Ausatmen den Bauch tief nach innen, während Sie gleichzeitig die Ellbogen zueinander führen, so dass die Unterarme ein V bilden. Ziehen Sie dabei die Schulterblätter kräftig weiter nach unten. Sie sollten das Gefühl haben, mit den inneren Oberarmen einen großen Gummiball zusammenzupressen. ❷
- Führen Sie die Arme langsam wieder zum Boden.
- Kurz entspannen und insgesamt viermal langsam üben.

TIPP

- Um mehr Gefühl und mehr Muskelspannung in den inneren Oberarmen zu bekommen, stellen Sie sich vor, Sie drücken Ihren Busen zusammen. Bei der einarmigen Variante können Sie den Arm auch etwas tiefer halten und dabei den Busen nach innen zu drücken und nach oben zu heben.

Brust Flye einarmig

- Nehmen Sie die gleiche Position ein wie bei der Brust Flye.
- Legen Sie die Arme seitlich ausgestreckt auf den Boden und winkeln Sie die Unterarme im 90°-Winkel ab. Die Ellbogen liegen etwas unterhalb der Schultern in einer Linie mit der Brustmitte.
- Ziehen Sie jetzt die Schulterblätter leicht nach unten.
- Atmen Sie ein und ziehen Sie beim Ausatmen den Bauch tief nach innen, während Sie den linken Ellbogen zur Körpermitte und dann nach oben bringen. Ziehen Sie dabei das linke Schulterblatt kräftig weiter nach unten. Stellen Sie sich vor, Sie drücken Ihren Busen mit dem inneren Oberarm nach innen und oben.
- Berühren Sie die Oberarmmuskeln mit den Fingern der rechten Hand; Sie sollten die Spannung dort ganz deutlich spüren. ❸
- Diese Übung viermal wiederholen und dann die Seite wechseln.

❸

1

2

Auf der CD
Track 8

Delphin

Was diese Übung bewirkt

Der Delphin ist Core-Training in Reinkultur: eine stabilisierende Bewegung mit Tiefenwirkung für den mittleren Rücken und die Muskeln um die Schultergelenke. Er wirkt dem Rundrücken entgegen und ist damit besonders wichtig für all jene, die mit gerundetem Rücken und extremer Innenrotation arbeiten oder Sport treiben wie beispielsweise Friseure, Zahnärzte, Motorradfahrer oder Tennisspieler. Der Delphin hilft den Bewegungsradius der Außenrotation zu verbessern, stabilisiert den Schultergürtel und massiert angenehm den müden Rücken.

WORAUF SIE ACHTEN SOLLTEN

Halten Sie die Ellbogen wie festgeklebt am Boden und spüren Sie, wie die Muskeln um das Schultergelenk arbeiten.

- Sie liegen auf dem Bauch, die Stirn auf einem Tuch oder flachen Kissen. Legen Sie die Arme wie beim Brust Flye seitlich ab, wobei die angewinkelten Ellbogen auf Brusthöhe liegen. Die Handflächen weisen nach unten, die Fußrücken liegen flach am Boden. 1
- Stabilisieren Sie sich mit KiK und heben Sie die Fingerspitzen. Dabei wandern die Schulterblätter und Spitzen noch weiter nach

3

unten und innen. Heben Sie die Handgelenke und drücken Sie die Schulterblätter weiter nach unten.

- Nun verlassen auch die Unterarme den Boden, während Sie die Ellbogen fest in den Boden pressen und die Unterarme mit viel Kraft nach hinten drücken. 2
- Halten Sie diese Position für zwei Sekunden. Achten Sie darauf, dass Ihre Atmung die ganze Zeit über ruhig und entspannt bleibt.
- Bringen Sie dann die Arme langsam zur Startposition zurück, wobei Sie aber die Schulterblätter stabil halten.
- Wenn die Arme wieder am Boden sind, dürfen Sie den Rücken etwas lockern.
- Viermal wiederholen – langsam und mit Genuss.

Backflye in Bauchlage

- Für diese Steigerung des Delphins behalten Sie die Bauchlage bei. Die Beine sind ausgestreckt. Entweder Fußrücken am Boden oder die Fußspitzen aufgestellt.
- Machen Sie ein Doppelkinn und ziehen Sie den Bauchnabel ein. Die Arme strecken Sie wie beim Delphin zur Seite aus, so dass sie eine gerade Linie mit der Brustmitte bilden. Winkeln Sie dann die Unterarme im 90°-Winkel nach oben ab.
- Atmen Sie tief ein. Schieben Sie beim Ausatmen die Schulterblätter weit nach unten und ziehen Sie dann die Spitzen der Schulterblätter kräftig zueinander.
- Heben Sie die Arme in unveränderter Position zur Decke, wobei Sie die Schulterblätter noch mehr zusammenziehen. 3
- Atmen Sie kurz ein und bringen Sie die Arme beim Ausatmen zurück in die Startposition. Die Schulterblätter bleiben dabei in KiK-Haltung! Und dann gleich noch einmal wiederholen.

WORAUF SIE ACHTEN SOLLTEN

Üben Sie Backflye in Bauchlage nur, wenn Sie den Delphin schon gut beherrschen! Ziehen Sie den Nacken auf keinen Fall ein. Die Schulterblätter müssen konstant unten bleiben.

TIPP

- Backflye in Bauchlage können Sie auch einarmig ausführen. Beginnen Sie immer mit der schwächeren Seite. Üben Sie beispielsweise viermal links, viermal rechts und dann viermal mit beiden Armen.

1

2

Auf der CD
Track 9

Liegestütz im Vierfüßlerstand

Was diese Übung bewirkt

Wenn Sie den Liegestütz nach meiner Methode ausführen, trainieren Sie nicht nur Brust und Trizeps, sondern auch den Rücken. Und: Selbst wenn Sie Liegestützen bisher mit ausgestreckten Beinen gemacht haben – versuchen Sie diese Variante. Sie werden sehen: Die hat's in sich!

WORAUF SIE ACHTEN SOLLTEN

Um Ihrem Rücken nicht zu schaden, müssen Kopf, Rücken und Bauch unbedingt in der richtigen Position sein: Sie bilden ein Brett und Bretter biegen sich nicht! Auch müssen die Unterschenkel förmlich am Boden kleben. Je mehr Körpergewicht man hat, desto schwieriger ist es. Wenn Sie anfangs nur zwei ganz richtige Wiederholungen schaffen, ist das fürs Erste voll und ganz ausreichend!

- Nehmen Sie den Vierfüßlerstand ein. Die Hüften sollten dabei genau über den Knien liegen, die Fußrücken am Boden. Halten Sie die Arme so weit auseinander, dass die Daumen etwa unter der Achsel liegen. Probieren Sie aus, welche Armbreite sich gut anfühlt. Die Hauptsache ist, dass Sie beim Üben die Anspannung in der Brust spüren. 1
- Machen Sie ein Doppelkinn, ziehen Sie die Schulterblätter tief nach unten und den Bauch nach innen, wobei Sie das natürliche Hohlkreuz beibehalten. Bringen Sie nun die Stirn zum Boden, aber ohne Kopf oder Rumpf zu verändern – Sie bleiben wie ein Brett von Kopf bis Po. 2
- Atmen Sie ein. Strecken Sie beim Ausatmen langsam die Arme. Spüren Sie ganz bewusst, wie Ihr Gewicht dagegen drückt. Wäh-

rend Sie nach oben kommen, ziehen Sie die Schulterblätter weiter nach unten und innen. Arme nicht ganz durchdrücken!

- Die Unterschenkel bleiben konstant am Boden.
- Atmen Sie ein. Beugen Sie die Ellbogen langsam wieder und senken Sie die Stirn erneut zum Boden ab.
- Beginnen Sie mit höchstens vier Wiederholungen.

Dreiviertel-Liegestütz

- Sie liegen in Bauchlage auf einer Matte. Die Beine sind ausgestreckt und schulterbreit auseinander, die Arme halten Sie wie beim Vierfüßlerstand. Nehmen Sie die KiK-Haltung ein.
- Winkeln Sie nun die Unterschenkel zum Po an. Atmen Sie ein, während Sie mit Kopf und Rumpf steif wie ein Brett bleiben, den Bauch fest eingezogen. 3
- Während Sie ausatmen, strecken Sie langsam die Arme. 4 Stopp! Der Bauch darf auf keinen Fall nach unten hängen – sonst besser gleich im Vierfüßlerstand üben!
- Oben angelangt atmen Sie wieder ein. Checken Sie, ob Ihre Schulterblätter nach wie vor unten und zusammengezogen sind.
- Dann senken Sie die Stirn langsam wieder ab, stoppen die Bewegung aber diesmal etwa 4 cm über dem Boden.
- Üben Sie zwei- bis viermal, bis alles stimmt. Legen Sie lieber Pausen ein und führen die Bewegung dafür zu 100 % richtig aus.

WORAUF SIE ACHTEN SOLLTEN

Ihre Arme sollten weit genug auseinander sein, um ausreichend Stabilität zu gewährleisten. Es bewegt sich ausschließlich der Oberkörper. Die Beine bitte nicht kreuzen!

1

2

Auf der CD
Track 10

Brust-, Bizeps-, Trizeps- und Lat-Dehnung

Was diese Übung bewirkt

Wir benutzen die Bizepsmuskeln mehr, als wir denken, zum Beispiel um Einkaufstaschen oder Koffer zu heben und zu tragen. Und durch die viele Arbeit, die diese Muskelgruppe leistet, neigt sie zu Verkürzungen, die Verspannungen im Nacken- und Schulterbereich auslösen können. Das Ellbogengelenk kann ebenfalls leiden und den berühmten Tennisarm verursachen. Und wenn Sie nicht mehr nach hinten greifen können, um Ihren Rücken einzucremen, ist es höchste Zeit, Trizeps und Latmuskeln zu dehnen. Die folgenden Übungen stellen die Balance im gesamten Arm wieder her.

WORAUF SIE ACHTEN SOLLTEN

Bleiben Sie im Rumpf ganz stabil. Fallen Sie bei der Brust- und Bizepsdehnung nicht ins Hohlkreuz. Bei der Lat-Dehnung neigen Sie sich bitte nur seitlich, nicht nach hinten.

- Sie sitzen im Schneidersitz. Falls es Ihnen leichter fällt, können Sie auch ein Bein anwinkeln und eins ausstrecken.
- Sitzen Sie ganz gerade und kommen Sie in die KiK-Position. Halten Sie sie, aber ohne Anspannung.

- Strecken Sie nun beide Arme in Brusthöhe nach vorn aus, die Handflächen weisen zur Decke. ❶ Öffnen Sie die ausgestreckten Arme in einem großzügigen Halbkreis nach hinten. ❷
- Beugen Sie nun die Ellbogen ein wenig und adjustieren Sie die Höhe der Arme, bis Sie ein leichtes Ziehen in den Brustmuskeln spüren. Atmen Sie tief in den Brustkorb ein und ziehen Sie beim Ausatmen die Arme noch ein wenig weiter nach hinten.
- Jetzt strecken Sie die Arme aus und drehen die Hände noch etwas mehr nach hinten. Das sollten Sie im Bizeps spüren. Falls nicht, drehen Sie die Hände weiter nach hinten und verändern Sie die Höhe der Arme, bis Sie die Dehnung spüren.
- Lassen Sie die Arme sinken und kreisen Sie ein paar Mal mit den Schultern nach hinten.
- Für den Trizeps-Stretch bleiben Sie in der KiK-Haltung.
- Strecken Sie den rechten Arm nach oben und beugen Sie ihn, bis die Fingerspitzen das rechte Schulterblatt berühren; der Ellbogen zeigt zur Decke. Drücken Sie mit der linken Hand gegen den rechten Oberarm, so dass die rechte Hand weiter nach unten kommt. Die Dehnung sollte deutlich im hinteren Oberarm spürbar sein. ❸
- Lassen Sie den Kopf jetzt entspannt nach vorn fallen. Drücken Sie den rechten Arm noch weiter nach hinten.
- Halten Sie die Dehnung für 20 bis 30 Sekunden.
- Ohne Position und Seite zu wechseln, bringen Sie für die Lat-Dehnung die rechte Hand zur linken Schulter. Die linke Hand zieht den rechten Arm nach links, während Sie auch den Rumpf etwas nach links neigen. Die Pobacken bleiben am Boden. ❹
- Heben Sie nun das rechte Schulterblatt nach oben, um die Dehnung zu verstärken. Lassen Sie den Kopf schwer seitlich und nach vorn sinken, so dass es auch im Nacken angenehm zieht. Halten Sie die Dehnung für 20 bis 30 Sekunden.
- Dann Trizeps- und Lat-Dehnung auf der anderen Seite ausführen.

Das Training für den Unterkörper

Bauch-Beine-Po-Kurse stehen seit Jahren hoch im Kurs. Unterkörpertraining ist auch tatsächlich wichtig, sollte aber nicht übertrieben werden, besonders wenn Sie die Beine beim Laufen, Fahrradfahren, Aerobic oder Tanzen ohnehin oft beanspruchen. Haben Sie eher muskulöse Beine und einen schmaleren Oberkörper, brauchen Sie nur einmal wöchentlich gezielt die Beine zu trainieren. Die Rücken- und Bauchübungen hingegen können Sie immer wieder zwischendurch machen. Das gilt für alle Körpertypen!

Auf der CD
Track 12

Ferseheben und Balancieren

Was diese Übung bewirkt

Sie müssen bei dieser Übung keine Angst haben, dass sich Ihre Waden in dicke Baumstämme verwandeln. Im Gegenteil: Die richtige Dosis Training verleiht ihnen schöne Konturen, baut Kraft auf, ohne sie »kräftig« aussehen zu lassen. Außerdem regt sie die Durchblutung an, löst Schwellungen auf, die vom langen Sitzen entstehen, und stärkt die Sprunggelenke sowie den Gleichgewichtssinn. Das ist Core- und Anti-Aging-Training in einem!

- Massieren Sie die Waden 1 und drücken Sie zum Schluss jeweils mit dem Daumen in die Mitte des großen Wadenmuskels.
- Stehen Sie aufrecht, die Beine gerade, aber nicht durchgedrückt und etwa 10 cm auseinander, die Füße parallel. Legen Sie die Handflächen auf die Außenseiten der Oberschenkel. Nun spreizen Sie die Zehen und verteilen Ihr Gewicht auf den ganzen Fuß. Spüren Sie den Boden unter Ihren Füßen!

WORAUF SIE ACHTEN SOLLTEN

Denken Sie daran, nur auf den Ballen, nicht auf die Zehenspitzen zu kommen. Wenn Sie dabei Schwierigkeiten mit dem Gleichgewicht haben, stabilisieren Sie sich mit leichtem Fingerdruck an einer Stuhllehne oder an der Wand.

1

2

- Nehmen Sie die KiK-Position ein; Ihr Oberkörper sollte die gesamte Übung hindurch ganz stabil bleiben.
- Verlagern Sie nun Ihr Gewicht auf den Fußballen. Dazu müssen Sie sich mit dem gesamten Körper minimal nach vorn neigen. Dies ist Ihre Startposition.
- Atmen Sie ein und heben Sie beim Ausatmen mit ausgestreckten Beinen langsam die Fersen. Diese bleiben dabei in einer Linie mit den Fußspitzen; die Füße bleiben ganz fixiert und weichen weder nach innen noch nach außen aus. 2
- Sie stabilisieren sich, indem Sie die inneren Unterschenkelmuskeln zusammenpressen und gleichzeitig versuchen, die Knie nach außen zu drehen. Kommen Sie dann so hoch, bis Sie die großen Wadenmuskeln spüren, genau dort, wo Sie zuvor mit den Daumen hineingedrückt haben.
- Atmen Sie ein und senken Sie die Ferse wieder ab.
- Viermal langsam auf und ab bewegen.

TIPP

- Üben Sie das Fersebeben beim Zähneputzen oder während einfacher Küchenarbeiten – und wenn Sie viel im Stehen arbeiten, einfach zwischendurch.

WORAUF SIE ACHTEN SOLLTEN

Halten Sie die Handflächen auf dem Gesäß, die Ellbogen weisen nach hinten. Verlagern Sie das Gewicht etwas nach hinten auf den Fußballen des hinteren Beins, damit Sie sich besser wegdrücken können. Der Fuß bleibt stabil, aber ohne Anspannung.

Viertel-Squat mit Heben des hinteren Beins

Was diese Übung bewirkt

Diese Übung bringt viel für die gesamte Bein- und Gesäßmuskulatur. So wird Muskelkraftausdauer gleichzeitig mit vorderer und hinterer Oberschenkelmuskulatur sowie im Gesäß trainiert. Gleichzeitig werden die Hüftbeuger gedehnt sowie Balance und Koordination gefördert. Kurz: eine multifunktionelle »Allzweckübung«.

- Sie stehen schulterbreit. Bei dieser Übung ist es besonders wichtig, sich zu stabilisieren. Also KiK-Haltung einnehmen.
- Machen Sie nun mit dem linken Fuß einen großen Schritt nach vorn – so groß, dass Ihre Beine mindestens einen 90°-Winkel bilden. Das linkeKnie befindet sich genau über der Ferse, das rechte hinter dem Gesäß. Der vordere Fuß steht flach auf dem Boden, die Fußspitze weist nach vorn. Der hintere Fuß ruht auf dem Ballen und zeigt ebenfalls geradeaus. Das Körpergewicht sollte gut zwischen beiden Beinen verteilt sein, also etwa in der Körpermitte liegen. 1
- Checken Sie nochmals Kinn, Schulterblätter und Bauch!
- Atmen Sie ein, wobei sich der Brustkorb deutlich heben sollte.
- Senken Sie beim Ausatmen den Körper in Richtung Boden ab, indem Sie die Knie beugen. Diese bleiben dabei genau in der gesetzten Position, schieben sich also *nicht* nach vorn.
- Einatmen. Drücken Sie beim Ausatmen den rechten Fuß vom Boden weg und heben Sie das rechte Bein mit einer kleinen Bewegung nach hinten und leicht nach oben, bis Sie die Anspannung in der rechten Pobacke spüren. Gleichzeitig streckt sich

TIPP

- Auch wenn Sie diese Übung lieben, sollten Sie sie als Birnen- oder Paprika-Typ höchstens einmal pro Woche ausführen.

das linke Bein; Ihr Oberkörper neigt sich etwas vor und bildet eine diagonale Linie mit dem hinteren Bein. Kurz halten. 2

- Atmen Sie ein, setzen Sie das hintere Bein wieder auf den Ballen, während Sie beide Beine beugen, um die Bewegung noch einmal ausführen zu können.
- Viermal langsam und fließend üben. Danach die Füße schulterbreit nebeneinander bringen; Seite wechseln.
- Sollte es am Anfang zu schwierig sein, das Bein vom Boden abzuheben, führen Sie zunächst nur den Viertel-Squat aus oder stabilisieren sich mit einer Hand an einer Stuhllehne.

Intensiv-Variante

- Um die Übung zu intensivieren, halten Sie das Bein länger oben und heben es noch etwas höher. 3
- Achten Sie darauf, dass Sie mit dem Oberkörper nicht nach hinten fallen oder in ein extremes Hohlkreuz kommen.

1

Vierfüßler-Gesäßübung

- Nehmen Sie den Vierfüßlerstand ein, wobei Sie darauf achten sollten, richtig zu Boden zu gehen (siehe Seite 25).
- Legen Sie die Unterarme und Handflächen flach auf den Boden. Die Ellbogen befinden sich nun direkt unter den Schultern, die Knie unter den Hüften. Die Fußrücken liegen ebenfalls flach am Boden. ①
- Stabilisieren Sie sich mit KiK. Legen Sie dann die linke Hand auf die linke Pobacke, wobei der Ellbogen zur Decke zeigt.
- Lösen Sie den rechten Unterschenkel vom Boden und bringen Sie ihn etwas nach hinten. Das Ober- und Unterschenkel bilden während der gesamten Übung einen 90°-Winkel!
- Nun atmen Sie ein. Beim Ausatmen heben Sie das rechte Bein langsam nach oben ②, bis sich das Knie in einer geraden Linie mit Gesäß und Rücken befindet. Spüren Sie, wie sich die rechte Pobacke kraftvoll zusammenzieht? Der Rumpf bleibt dabei absolut stabil in der KiK-Haltung.
- Atmen Sie erneut ein, während Sie das Bein langsam wieder aufsetzen – und zwar so, dass nur das Knie den Boden berührt.
- Üben Sie jeweils viermal rechts, viermal links.

Auf der CD
Track 13

WORAUF SIE ACHTEN SOLLTEN

Wenn Sie die Gesäßübung richtig ausführen, sollten Sie spüren, wie schwer auch das Standbein arbeitet. Es muss zusammen mit dem Rumpf für die Stabilisation des Körpers sorgen.

Was diese Übungen bewirken

Gesäßübung: Diese klassische Poübung, die ich leicht abgewandelt habe, trainiert nun nicht nur die Gesäßmuskulatur, sondern auch Balance und Stabilität.

Katzenbuckel: Die wohltuende Entspannungs- und Entlastungsübung für den Rücken, die Sie jederzeit zwischendurch machen können. Sie ist besonders auch während der Schwangerschaft zu empfehlen!

2

3

Katzenbuckel für zwischendurch

- Nehmen Sie erneut den Vierfüßlerstand ein (oder bleiben Sie gleich darin). Die Arme sind dabei etwas mehr als schulterbreit auseinander, die Ellbogen leicht gebeugt, die Fingerspitzen nach vorn ausgerichtet.
- Nun nehmen Sie die KiK-Haltung ein: Machen Sie ein Doppelkinn, ziehen Sie aber die Schulterblätter diesmal nur nach unten. Belassen Sie den Rücken in seinem natürlichen leichten Hohlkreuz und ziehen Sie den Bauchnabel ganz tief nach innen und etwas nach oben.
- Saugen Sie den Bauch noch weiter ein und kippen Sie die Hüfte so, dass die Hüftknochen Richtung Brust zeigen.
- Jetzt bringen Sie den unteren Rücken nach oben in Richtung Decke. Sie sollten dabei ein angenehmes Ziehen verspüren. Stellen Sie sich vor, der untere Rücken wird bei dieser Dehnung »geöffnet«, indem die unteren Rückenstreckermuskeln auseinander gezogen werden.
- Ziehen Sie die Schulterblätter auseinander und lassen Sie den Kopf schwer und entspannt nach unten hängen. 3
- Zurück in die Startposition kommen und das Ganze noch einmal wiederholen. Da freut sich der Rücken!

WORAUF SIE ACHTEN SOLLTEN

Damit beim Katzenbuckel wirklich der untere Rücken gedehnt wird, müssen Sie sich mächtig konzentrieren. Die Dehnung entsteht aus der Kombination zwischen dem Einziehen des Bauchmuskels und der Wölbung des unteren Rückens.

Auf der CD
Track 14

Rückenstrecker – Rumpfheben

- Legen Sie sich auf den Bauch, die Stirn auf einem gefalteten Tuch. Strecken Sie die Beine aus und stellen Sie die Fußspitzen auf, um Spannung in Beinen und Gesäß zu erzeugen.
- Legen Sie die Handflächen auf die Pobacken; die leicht gebeugten Ellbogen weisen zur Decke. Heben Sie den Kopf etwas und machen Sie ein Doppelkinn. Ziehen Sie die Schulterblätter tief nach unten, den Bauchnabel ganz fest nach innen. 1
- Atmen Sie ein. Heben Sie beim Ausatmen den gesamten Rumpf – vom Kopf bis zum Gesäß – etwas vom Boden, als wäre er ein stabiles Brett. Dabei schieben sich die Hände langsam die Oberschenkel entlang nach unten, während die Schulterblätter ebenfalls nach unten wandern. Der Bauch bleibt fest innen, der Kopf in seiner Doppelkinn-Haltung. Kurz verweilen, weiteratmen. 2
- Atmen Sie ein. Senken Sie den Rumpf wieder, aber legen Sie Kopf und Schultern nicht ab, sondern halten sie etwa 2 cm über dem Boden. KiK unbedingt beibehalten!
- Viermal wiederholen.

WORAUF SIE ACHTEN SOLLTEN

Sie müssen wirklich vom Kopf bis zum Gesäß ein Brett bleiben. Alles wird als Einheit gehoben. KiK hilft Ihnen hier enorm. Während Sie die Anspannung halten, ganz entspannt und natürlich weiteratmen.

Auf der CD
Track 15

Wadendehnung im Vierfüßlerstand

- Nehmen Sie den Vierfüßlerstand ein, wobei Sie Unterarme und Hände auf den Boden bringen. Strecken Sie das rechte Bein nach hinten und stützen Sie den Fuß auf dem Ballen ab.
- Nehmen Sie KiK ein. Atmen Sie ein, strecken Sie beim Ausatmen das rechte Bein ganz lang nach hinten aus, wobei Sie die Ferse in Richtung Boden drücken. Sie sollten ein starkes Ziehen im großen Wadenmuskel spüren. 3
- Atmen Sie wieder ein und versuchen Sie beim Ausatmen die Dehnung noch zu verstärken. Checken Sie, ob Sie nach wie vor in der KiK-Position sind und ob das Bein ganz gestreckt ist.

3

1

2

Wenn alles stimmt, erneut die Ferse etwas weiter nach unten drücken und die Dehnung mindestens 30 Sekunden halten.

- Atmen Sie ein, während Sie das Bein lösen und wieder in den Vierfüßlerstand kommen.
- Üben Sie das Ganze jetzt mit dem linken Bein.

Was diese Übungen bewirken

Rumpfheben: Problemzone Nr. 1 in der westlichen Welt sind nicht Po oder Oberschenkel, sondern es ist das Kreuz. Der Rückenstrecker ist der Bootsmast unseres Körpers, doch durch krummes Sitzen, schwache Bauchmuskeln und falsches Training ist er entweder lasch wie eine nasse Spagetti-Nudel oder überladen wie ein Hochleitungsmast. Diese Übung schafft in beiden Fällen Abhilfe.

Wadenstretch: Die Übung für all jene, die viel stehen, joggen oder Aerobic machen und/oder Stöckelschuhe tragen.

WORAUF SIE ACHTEN SOLLTEN

Verlagern Sie Ihr Gewicht leicht nach hinten, während Sie die Ferse in Richtung Boden drücken.

Auf der CD
Track 16

Hohlbauch andersherum

Was diese Übung bewirkt

Da Sie bei dieser Version des Hohlbauchs nicht den Kopf zu heben brauchen und so weniger Gewicht auf dem Rücken lastet, ist sie besonders für Menschen mit Hohlkreuz geeignet. Sie ist effektives Bauchtraining und Rückendehnung zugleich. Es zieht herrlich im Rücken, während die Muskelfasern im unteren Bauch aktiviert werden.

WORAUF SIE ACHTEN SOLLTEN

Halten Sie die Unterschenkel ganz locker und heben Sie auf keinen Fall das Gesäß an. Schieben Sie die Schulterblätter auch hier ganz bewusst nach unten.

- In der Rückenlage betten Sie den Hinterkopf auf ein zusammengefaltetes Tuch oder kleines Kissen. Winkeln Sie dann die Beine an und stellen Sie die Fußsohlen schulterbreit flach auf den Boden. Die Arme liegen völlig entspannt neben dem Körper.
- Machen Sie ein Doppelkinn und ziehen Sie die Schulterblätter nach unten. Dann – der Bauch bleibt innen – heben Sie zuerst ein Bein, dann das andere, bis die Knie eine Linie mit den Hüften bilden. Die Unterschenkel hängen ganz locker herunter.
- Ziehen Sie den Bauch noch mehr nach innen und atmen Sie in den Brustkorb ein. Saugen Sie beim Ausatmen den Bauchnabel förmlich in den Rücken hinein. Die Beine bleiben dabei locker und werden beim starken Einziehen des Bauches unwillkürlich etwas zur Körpermitte gezogen. (1) Es kann allerdings sein, dass das beim ersten Üben noch nicht sichtbar oder spürbar ist.
- Ziehen Sie die Knie jetzt ganz bewusst in Richtung Brust, den Bauch noch tiefer nach innen. Spüren Sie, wie dabei der untere Rücken gedehnt wird?
- Halten Sie die Anspannung für etwa zwei Sekunden.
- Mit dem Einatmen und noch immer eingezogenem Bauch kehren Sie zurück in die Startposition.

1

2

Ganz wichtig: Der Kopf bleibt während der gesamten Übung auf dem Boden liegen, ebenso das Gesäß. Die Bewegung erfolgt ausschließlich aus dem Bauch. Die Unterschenkel sind ebenfalls entspannt und keinesfalls in einem 90°-Winkel zum Oberschenkel. Außerdem die Beine bitte nicht kreuzen! Die Energie sollte nur im Bauch fließen und nicht in den inneren Oberschenkelmuskeln; diese sind stets locker und entspannt.

Die einbeinige Variante

- In der sanfteren Variante arbeiten Sie zunächst einbeinig, bis die Bauchmuskeln so stark sind, dass sie beide Beine halten können. 2
- Üben Sie viermal rechts, dann viermal links.

TIPP

- Der Hohlbauch andersherum lässt sich schwer ausführen, wenn die hintere Oberschenkelmuskulatur verkürzt ist. Oft hebt man dann die Hüften, um zu kompensieren. Dehnen Sie die hinteren Oberschenkel lieber erst eine Zeit lang, bevor Sie diese Übung praktizieren (siehe dazu »Beinbeugerdehnung mit Tuch«, Seite 75).

1

2

Auf der CD
Track 17

Adduktoren-Dehnung

- Sie liegen auf dem Rücken, Ihr Kopf auf einem Kissen.
- Legen Sie die Fußsohlen zusammen und lassen Sie die Knie zu beiden Seiten auseinander sinken. 1
- Wenn Sie allein hiervon ein starkes Ziehen in den inneren Oberschenkeln spüren, reicht das. Ziehen Sie die Schulterblätter tief nach unten, das Kinn weiter Richtung Nacken. Nun saugen Sie den Bauch nach innen und atmen in den Brustkorb ein. Beim Ausatmen ziehen Sie den Bauch ein weiteres Bisschen ein. Gleichzeitig lassen Sie die Beine immer schwerer werden.
- Falls Sie die Dehnung intensivieren möchten, drücken Sie die Oberschenkel mit den Händen nach unten. Checken Sie die KiK-Position! Und halten Sie die Dehnung für 20 bis 30 Sekunden.
- Ziehen Sie nun das angewinkelte rechte Bein in Richtung Brust und fassen Sie die Außenseite des Unterschenkels von oben mit der rechten Hand. Holen Sie dann auch das linke Bein heran und umfassen Sie es mit der linken Hand. 2
- Überprüfen Sie erneut die KiK-Haltung! Ziehen Sie den Bauch noch tiefer nach innen, atmen Sie ein. Beim Ausatmen drücken Sie die Unterarme gegen die Oberschenkel, wodurch sich die Beine weiter öffnen. Die Bauchmuskeln fest tief innen halten!
- Bleiben Sie für 20 bis 30 Sekunden in dieser Dehnung.

WORAUF SIE ACHTEN SOLLTEN

Halten Sie bei diesen Dehnungen ganz bewusst den Bauch innen. Das schützt den Rücken.

Abduktoren-Dehnung

3

- Liegen Sie wie bei der Adduktoren-Dehnung, den Kopf gut von einem Kissen gestützt. Die Beine sind aufgestellt, die Fußsohlen flach am Boden. Die Arme liegen seitlich in einer Linie mit den Schultern.
- Legen Sie den linken Knöchel auf das rechte Knie.
- Ziehen Sie die Schulterblätter nach unten, den Bauch fest ein und lassen Sie die überkreuzten Beine langsam nach links sinken, bis sie den Boden berühren. 3
- Der Knöchel des linken Fußes drückt auf die Außenseite des rechten Knies und bringt das rechte Bein weiter nach unten.
- Beide Schulterblätter bleiben am Boden. In der Brustmuskulatur kann es rechts ziehen, wenn diese stark verkürzt ist.
- Verweilen Sie 20 bis 30 Sekunden. Um die Dehnung zu verstärken, ziehen Sie den Bauch weiter nach innen. Außerdem können Sie die rechte Hüfte sanft etwas mehr in Richtung Boden ziehen, während Sie die Beine nach links drücken.
- Lösen Sie die Dehnung langsam, während Sie den Bauch konstant innen halten, da dies den Rücken schützt.
- Wiederholen Sie das Ganze auf der anderen Seite.

Auf der CD
Track 18

TIPP

- Die Adduktoren-Dehnung können Sie auch einseitig ausführen. Strecken Sie ein Bein aus und ziehen Sie das andere nach unten.

Die Abduktoren-Dehnung können Sie variieren, indem Sie das gekreuzte Bein auch in die andere Richtung sinken lassen.

Was diese Übungen bewirken

Adduktoren-Dehnung: Diese Dehnung beseitigt die Verkürzung der inneren Oberschenkelmuskeln und regt gleichzeitig wunderbar die Durchblutung an.

Abduktoren-Dehnung: Ein Muss für Birnen und Paprikas sowie für alle, die steife Hüften haben. Sie zieht die Hüften lang, aber Sie merken die Dehnung auch in Taille und Brust, wenn Sie dort verspannt sind.

MULTIFUNKTIONELLES GANZKÖRPERTRAINING

In den letzten Jahren haben die Bodystylingkurse eher einen Muskelkraftausdauer-Charakter angenommen. Es wird sehr statisch geübt. Das ist wichtig, um gezielt die Muskeln zu trainieren. Aber auch multifunktionelle Ganzkörperübungen sollten in einem ausgewogenen Programm nicht fehlen. »Multifunktionell« – das bedeutet, dass mehrere Dinge gleichzeitig trainiert werden: zum Beispiel Kraftaufbau, Koordination und Balance. Wie gute Gewürze sollten Sie diese Übungen deshalb regelmäßig in Ihren Trainingsplan mischen.

Das Training für Kraft, Balance und Koordination

Die folgenden Programme bestehen teils aus verschiedenen Einheiten, die Sie dann zu einer Gesamtübung kombinieren. Teils sind es komplexere Übungen, die zugleich mehrere Körperbereiche trainieren – und zusätzlich Balance und Koordination fördern. Kurz: Sie bekommen in diesem Kapitel ein effektives multifunktionelles Training für den ganzen Körper.

Energiegeladen und powervoll von oben bis unten

WORAUF SIE ACHTEN SOLLTEN

Die Hüfte darf sich beim Üben nicht drehen, sondern sollte immer nach vorn ausgerichtet sein. Mit den Händen auf den Hüftknochen können Sie das gut kontrollieren.

Was diese Übung bewirkt

Vordere und hintere Oberschenkel sowie Gesäß werden gleichzeitig beansprucht, die Hüftbeuger dynamisch gedehnt. Auch Bizeps sowie vordere und mittlere Schultermuskulatur werden effektiv trainiert. Wenn Sie gleichzeitig KiK praktizieren, stärken Sie damit zusätzlich die Muskulatur im mittleren Rücken.

Auf der CD
Track 20

Viertel-Squats

- Stehen Sie gerade, die Füße parallel und etwa schulterbreit. Bei dieser Übung ist eine stabile Körperhaltung besonders wichtig. Also KiK: die Schulterblätter nach unten, Spitzen nach innen ziehen; ein Doppelkinn machen; den Bauchnabel fest einziehen.
- Nun machen Sie einen großen Schritt nach vorn – so groß, dass Ihre Beine mindestens einen 90°-Winkel bilden. Das Knie des hinteren Beins befindet sich hinter dem Gesäß. Der vordere Fuß

1

2

ist flach am Boden, der hintere steht auf dem Ballen; die Fußspitzen weisen gerade nach vorn. Ihr ganzes Gewicht sollte gleichmäßig zwischen beiden Beinen verteilt sein, also genau in der Mitte des Körpers liegen. Legen Sie die Hände zur Stabilisation auf das Gesäß. 1

- Checken Sie Kinn, Schulterblätter und Bauch noch einmal.
- Atmen Sie tief ein, sodass sich der Brustkorb deutlich hebt. Dann atmen Sie aus, während Sie den Körper nach unten absenken. Ihr Oberkörper bleibt aufrecht, die Knie beugen sich, bleiben aber in der gesetzten Position, verschieben sich also *nicht* nach vorn. Das ist ganz wichtig. 2
- Gehen Sie so weit hinunter, bis das hintere Knie etwa 10 cm vom Boden entfernt ist.
- Atmen Sie wieder ein, während Sie langsam in die Startposition zurückkommen.
- Viermal pro Seite üben.

TIPP

- Heben Sie die Zehenspitzen des vorderen Beins etwas vom Boden ab. So können Sie testen, ob Sie nicht zu viel Gewicht auf den vorderen Fuß verlagert haben. Außerdem verstärken Sie damit die Trainingswirkung im hinteren Oberschenkel sowie in der Gesäßhälfte des Beins, das vorn ist.

1

2

Auf der CD
Track 20

WORAUF SIE ACHTEN SOLLTEN

Halten Sie ganz konsequent die KiK-Position ein! Sie dürfen auf keinen Fall mit dem Oberkörper nach hinten fallen. Das gilt für beide Übungen auf dieser Seite.

TIPP

➤ Birnen und Paprikas sollten die Armübungen zweimal pro Woche ausführen, die Squats beziehungsweise die Kombination aber nur einmal. Bringen Sie dabei die Arme nur so weit nach oben, dass Sie die Schulterblätter unten halten können und keine Verspannungen im Nacken entstehen.

Bizeps Raises

- Stehen Sie schulterbreit; machen Sie einen kleinen Ausfallschritt. Die Oberarme sind dicht am Körper, die Unterarme bilden einen 90°-Winkel. Drehen Sie die Handflächen nach oben und ballen Sie die Hände zu einer lockeren Faust.
- Nehmen Sie die KiK-Haltung ein.
- Atmen Sie ein. Beim Ausatmen führen Sie die Arme in unveränderter Haltung nach vorne und oben, bis die Fingerknöchel zur Decke weisen. Sie werden etwas mit den Schulterblättern zu kämpfen haben, um sie weiterhin unten zu halten! 1
- Bringen Sie die Arme, während Sie einatmen, wieder nach unten in die Ausgangsposition.
- Viermal langsam üben.

Schulter-Seitheben

- Behalten Sie die Ausgangsposition der Bizeps Raises bei. Formen Sie lockere Fäuste und drehen Sie die Handflächen zueinander. Der 90° -Winkel der Arme bleibt während der gesamten Übung unverändert.

- Nehmen Sie auch hier die KiK-Haltung ein.
- Atmen Sie ein. Heben Sie mit dem Ausatmen die Arme langsam seitlich bis auf Schulterhöhe, während Sie ganz kontinuierlich die Schulterblätter nach unten und dann nach innen und das Kinn ganz bewusst in Richtung Nacken ziehen. 2
- Wenn die Arme in Schulterhöhe sind, atmen Sie ein und führen sie dann langsam wieder zurück zur Startposition.
- Dabei bleiben die Schulterblätter unverändert unten und innen, das Kinn Richtung Nacken gezogen!
- Viermal ganz langsam üben.

3

Die Kombination

- Machen Sie mit dem linken Fuß einen großen Schritt nach vorn. Nehmen Sie die Armposition für die Bizeps Raises ein: Oberarme am Körper, Unterarme im 90°-Winkel; Handflächen nach oben, Hände locker zur Faust geballt.
- Atmen Sie ein. Beim Ausatmen beugen Sie beide Beine, während Sie die Arme nach vorn und oben führen. 3
- Atmen Sie erneut ein, strecken Sie die Beine wieder und führen Sie die Arme zurück nach unten.
- Achtmal wiederholen und dann das linke Bein zurück neben das rechte bringen.
- Machen Sie nun mit dem rechten Fuß einen großen Schritt nach vorn. Nehmen Sie die Armposition für das Schulter-Seitheben ein: Unterarme im 90°-Winkel; die Hände formen lockere Fäuste, die Handflächen zeigen zueinander.
- Atmen Sie ein. Beugen Sie beim Ausatmen beide Beine und führen Sie gleichzeitig die Arme seitlich nach oben. 4
- Atmen Sie erneut ein und strecken Sie langsam die Beine, während Sie die Arme wieder nach unten bringen.
- Achtmal wiederholen.

4

Auf der CD
Track 20

Kraft und Stabilität für den ganzen Körper

Was diese Übung bewirkt

Diese Übung strafft und verjüngt die hinteren Oberschenkel sowie die hinteren Oberarme. Gleichzeitig werden Hüftbeuger, Brust und vordere Schultermuskeln dynamisch gedehnt. Außerdem lernen Sie, den Körper – durch KiK – absolut stabil zu halten.

Beinbeuger

- Stehen Sie schulterbreit und nehmen Sie die KiK-Position ein. Stabilität ist hier ganz besonders wichtig, um den Rumpf absolut gerade zu halten. Strecken Sie das rechte Bein nach hinten, wobei die rechte Fußspitze den Boden streift. Ihr Gewicht ruht auf dem linken Fuß. Die Handflächen liegen auf dem Gesäß. 1
- Atmen Sie ein und winkeln Sie beim Ausatmen das rechte Bein langsam an. Das rechte Knie bleibt dabei in absolut unveränderter Position, der Fuß ganz locker und entspannt. 2 Merken Sie, wie es im Hüftbeuger zieht? Das kommt daher, dass bei der Beugung des Unterschenkels die Muskeln im Oberschenkel in die Länge gezogen werden.
- Ziehen Sie das rechte Bein langsam und gleichmäßig weiter nach hinten und oben – aber nur so hoch, bis Sie das Zusammenziehen des Muskels auf der Oberschenkelrückseite deutlich spüren.
- Atmen Sie ein und bringen Sie das Bein zurück nach unten in die Ausgangsposition.
- Viermal ganz konzentriert üben; dann die Seite wechseln.

WORAUF SIE ACHTEN SOLLTEN

Halten Sie das Standbein gestreckt, aber trotzdem nicht ganz durchgedrückt!

3

4

Trizeps Kickbacks

- Stehen Sie schulterbreit, machen Sie einen kleinen Ausfallschritt und nehmen Sie KiK ein. Ballen Sie die Hände locker zu Fäusten und legen Sie sie nah beieinander auf die Pobacken. Die Handflächen zeigen zueinander, die Ellbogen nach hinten. Achten Sie darauf, dass die Schulterblätter konstant unten bleiben. ❸ Gelingt das nicht, legen Sie die Fäuste tiefer ans Gesäß.
- Atmen Sie ein. Strecken Sie beim Ausatmen die Unterarme langsam nach hinten aus. Die Oberarme bleiben dabei in absolut unveränderter Position. ❹
- Atmen Sie erneut ein und führen Sie die Arme zur Ausgangsposition zurück.
- Viermal wiederholen.

Die Kombination

- Sie stehen gerade mit KiK und strecken das rechte Bein nach hinten aus. Die Fäuste liegen korrekt auf den Pobacken.
- Atmen Sie ein und führen Sie beim Ausatmen den rechten Unterschenkel nach oben, während Sie gleichzeitig die Unterarme nach hinten ausstrecken. Der Rumpf bleibt dabei absolut ruhig und stabil. ❺
- Setzen Sie beim Einatmen die rechte Fußspitze leicht am Boden ab und führen Sie die Unterarme zurück zum Gesäß.
- Achtmal rechts wiederholen, dann die Seite wechseln.

WORAUF SIE ACHTEN SOLLTEN

Um die Arme effektiv zu trainieren, müssen Sie sie ganz ausstrecken. Wenn Sie Probleme haben, die Ellbogen hinten zu halten, sind Sie wahrscheinlich in der Brust und den vorderen Schultern sehr verkürzt. Dehnen Sie diesen Bereich regelmäßig (»Brustdehnung«, Seite 69).

Auf der CD
Track 21

5

WORAUF SIE ACHTEN SOLLTEN

Halten Sie die gesamte Übung hindurch den Kopf ruhig, die Schulterblätter des Spielarmes ganz deutlich unten und den Bauch konstant innen. Werfen Sie auf keinen Fall Arm und Bein wild in die Luft. So schonen Sie Ihre Lendenwirbelsäule.

Diagonale Rückenstrecker im Stand

Was diese Übung bewirkt

Diese Übung, die normalerweise in der Bauchlage ausgeführt wird, fördert im Stehen zusätzlich die Balance. KiK ersetzt außerdem die Schwerkraft. So werden die Muskeln um die Wirbelsäule wirksam trainiert. Die gestärkten Muskeln schützen die Bandscheiben, Rückenschmerzen können verschwinden.

- Stehen Sie schulterbreit und strecken Sie das rechte Bein nach hinten. Dabei streift die rechte Fußspitze den Boden. Ihr Gewicht liegt auf dem linken Fuß; das Bein ist gestreckt, aber nicht durchgedrückt. Auch hier ist die Stabilisation sehr wichtig, um den Rumpf absolut gerade zu halten. Also: KiK einnehmen!
- Die rechte Handfläche liegt auf der rechten Pobacke. Der linke Arm streckt sich nach oben. Die Hand können Sie entweder mit Daumen, Handfläche oder Handrücken zur Decke halten – je nachdem, was für Sie bequemer ist. Ihr Körper bildet eine diagonale Linie von den linken Fingerspitzen bis zum rechten Fuß. ❶
- Und gleich noch einmal die KiK-Haltung checken: Schulterblätter unten und innen, Bauchnabel innen, Kinn ebenfalls tief nach innen gezogen.
- Achten Sie darauf, dass Ihr linker Arm ganz gestreckt bleibt.
- Atmen Sie nun ein und führen Sie mit dem Ausatmen den linken Arm weiter nach hinten und gleichzeitig das rechte Bein ausgestreckt nach hinten und oben. Der Fuß bleibt dabei locker – das braucht am Anfang etwas Konzentration. ❷
- Schieben Sie gleichzeitig das Schulterblatt des linken Armes konsequent nach unten, saugen Sie den Bauchnabel noch fester

TIPP

- Fangen Sie immer mit der schwachen Seite an und enden Sie auch mit ihr. So werden sich beide Körperseiten mit der Zeit angleichen.

1

2

nach innen und ziehen Sie die rechten Gesäßmuskeln fest zusammen. Es sollte sich anfühlen, als würden sich das linke Schulterblatt und die rechte Pobacke bald in der Mitte des Rückens treffen.

- Atmen Sie ein und setzen Sie Arm und Bein kurz ab. Sammeln Sie Ihre Konzentration. Diese Übung ist anfangs nicht leicht.
- Vier- bis achtmal wiederholen, dann die Seite wechseln.

Auf der CD
Track 22

Beckenkippen mit Hohlbauch

Was diese Übungen bewirken

Beckenkippen mit Hohlbauch: Indem Sie die Hohlbauchübung mit dem Beckenkippen kombinieren, trainieren Sie die tief liegenden Bauchmuskeln und zugleich die so wichtige und oft vernachlässigte Beckenbodenmuskulatur. Außerdem strecken Sie den unteren Rücken lang und mobilisieren den gesamten Becken- und Hüftbereich.

Einbeinig: So intensivieren Sie die Übung und erweitern die Körperwahrnehmung: Sie werden merken, welche Körperhälfte mehr Kraft und Stabilität hat.

WORAUF SIE ACHTEN SOLLTEN

Bitte das Gesäß nicht heben, sondern wirklich kippen. Ziehen Sie die Beckenbodenmuskeln nach oben und runden Sie den Rücken, wobei Sie den unteren Bauch richtig nach innen saugen. Dabei ganz natürlich und entspannt weiteratmen!

- Gehen Sie richtig zu Boden, wie auf Seite 25 beschrieben, und nehmen Sie die Rückenlage ein. Legen Sie den Hinterkopf auf ein zusammengefaltetes Tuch oder kleines Kissen. Winkeln Sie die Beine an und stellen Sie die Fußsohlen schulterbreit flach auf den Boden. Die Arme liegen entspannt neben dem Körper.
- Ziehen Sie die Schulterblätter nach unten, den Bauch nach innen und atmen Sie in den Brustkorb ein. Saugen Sie beim Ausatmen den Bauch noch weiter nach innen und oben. 1

3

- Pressen Sie gleichzeitig die Pobacken zusammen und kippen Sie das Becken in Richtung Brust. Stellen Sie sich dabei vor, Ihre Hüftknochen seien Scheinwerfer. Wenn Sie das Becken kippen, beleuchten Sie damit Ihr Gesicht. 2
- Spüren Sie, wie bei dieser Kippbewegung die untersten Rippen in Richtung Hüftknochen ziehen. Der Bauchnabel zieht sich dabei immer weiter nach innen.
- Der Kopf bleibt die ganze Zeit entspannt auf dem Kissen.
- Atmen Sie ein und kommen Sie zur Ausgangsposition zurück.
- Viermal wiederholen.

Beckenkippen mit Hohlbauch einbeinig

- Behalten Sie die Ausgangsposition der vorigen Übung bei.
- Legen Sie eine Hand auf den Bauch.
- Heben Sie das rechte Bein etwa 4 cm vom Boden weg.
- Ist der Bauch nach oben gekommen? Wenn ja, ziehen Sie ihn gleich wieder ein! Legen Sie das Bein ab und probieren Sie es noch einmal. Diesmal halten Sie den Bauch ganz bewusst konstant innen.
- Üben Sie wie auf Seite 62 beschrieben. Halten Sie das Bein nun jedoch locker oben. 3 Der Unterschenkel ist ganz entspannt!
- Pro Seite viermal wiederholen.

TIPP

- Wenn Sie diese Übung richtig ausführen, wird auch der stärkste Mann oder die stärkste Frau am Anfang eine kurze Pause brauchen. Das heißt: wieder ablegen, etwas besinnen und noch einmal probieren.

Auf der CD
Track 23

Hohlbauch-Crunch

WORAUF SIE ACHTEN SOLLTEN

Die Bewegung erfolgt hier aus den untersten Rippen und nicht aus dem oberen Rücken heraus. Die Unterschenkel sind entspannt und nicht im 90°-Winkel zum Oberschenkel; bitte auch die Beine nicht überkreuzen! Die Energie sollte nur im Bauch fließen, nicht in den inneren Oberschenkelmuskeln. Der Atem sollte ganz entspannt fließen.

Was diese Übung bewirkt

Diese Variation des Hohlbauchs trainiert kräftig die Bauchmuskulatur, denn wir nehmen schwere Gewichte dazu: den Kopf (wiegt etwa 7 kg) und die Beine (je nach Länge und Muskelmasse zwischen 40 und 80 Prozent des Körpergewichts). Gleichzeitig wird der Rücken wunderbar gedehnt.

- Gehen Sie wieder richtig zu Boden (siehe Seite 25) und legen Sie den Hinterkopf auf ein gefaltetes Tuch oder kleines Kissen. Winkeln Sie die Beine an und stellen Sie die Fußsohlen schulterbreit flach auf den Boden. Die Arme liegen völlig entspannt neben dem Körper. Ziehen Sie die Schulterblätter diesmal nur nach unten, den Bauch nach innen.
- Heben Sie nun zuerst das eine Bein, dann das andere. Der Bauch bleibt dabei fest eingezogen. Die Knie bilden eine Linie mit den Hüften und die Unterschenkel hängen ganz locker herunter.
- Verschränken Sie nun die Finger und legen Sie die Hände um den Hinterkopf. Die Ellbogen zeigen nach außen. Ihr Kinn ziehen Sie nach innen zum Nacken und halten es dort die gesamte Übung hindurch. Heben Sie jetzt Kopf und Schultern vom Boden – zunächst nur bis zu den Schulterblattspitzen, nicht höher. (1)
- Ziehen Sie den Bauch nach innen und atmen Sie in den Brustkorb ein. Atmen Sie aus und saugen Sie dabei den Bauchnabel ganz tief in den Rücken hinein.
- Halten Sie die Beine locker, sie werden beim starken Einziehen des Bauches unwillkürlich etwas zur Körpermitte gezogen.

1

2

- Ziehen Sie nun ganz bewusst die Knie weiter in Richtung Brust und gleichzeitig die untersten Rippen Richtung Beine. Der Oberkörper bewegt sich dabei leicht mit. 2
- Saugen Sie gleichzeitig den Bauch noch tiefer nach innen. Und spüren Sie, wie der untere Rücken lang gezogen wird!
- Halten Sie die Anspannung etwa zwei Sekunden.
- Mit konstant nach innen gezogenem Bauch atmen Sie ein und kehren in die Ausgangsposition zurück.
- Viermal wiederholen.

TIPP

- Ganz wichtig: Solange Sie es nicht schaffen, den Bauch konsequent innen zu halten, sollten Sie nur einbeinig üben!

Hohlbauch-Crunch einbeinig

- In der sanfteren Variante arbeiten Sie zunächst einbeinig, bis die Bauchmuskeln so stark geworden sind, dass sie beide Beine mit eingezogenem Bauch halten können.
- Viermal rechts, dann viermal links wiederholen.

1

Auf der CD
Track 24

WORAUF SIE ACHTEN SOLLTEN

Halten Sie den Bauch während der Übung unbedingt konstant tief innen. Das hilft, den Rücken zu stabilisieren, was besonders in einer seitlichen Beugung sehr schützend wirkt.

Diagonale Quadrizeps-Dehnung in der Seitenlage

- Liegen Sie bequem auf der Seite, den Kopf auf einem gefalteten Tuch oder Kissen. Das obere Bein liegt angewinkelt am Boden.
- Nehmen Sie den Fußrücken des unteren Beins in die Hand. Atmen Sie ein und machen Sie beim Ausatmen KiK, während Sie das Bein nach hinten ziehen. Der Ellbogen des haltenden Armes sollte konstant leicht gebeugt sein, die Schulter ein wenig nach vorn gezogen. Der Bauch bleibt ganz fest eingesogen! 1
- Atmen Sie ein. Ziehen Sie beim Ausatmen den Bauch noch tiefer nach innen und das Bein noch ein wenig weiter zurück.
- Halten Sie die Dehnung für weitere 20 bis 30 Sekunden und verstärken Sie sie jeweils mit dem Ausatmen.

Auf der CD
Track 25

Seitliche Dehnung im halben Schneidersitz

- Sie sitzen im Schneidersitz am Boden. Strecken Sie Ihr rechtes Bein seitlich so aus, dass das Knie zur Decke zeigt und eine Linie mit dem Fuß bildet. Legen Sie die rechte Hand auf den Unterschenkel; strecken Sie den linken Arm nach oben aus, wobei die Fingerspitzen zur Decke zeigen. 2
- Stabilisieren Sie sich mit KiK.

2

3

- Atmen Sie ein. Beugen Sie beim Ausatmen den Rumpf langsam in Richtung rechtes Bein. Der linke Arm bewegt sich gleichzeitig mit und streckt sich ganz lang, bis die Handfläche parallel zum Boden ist.
- Beugen Sie den Ellbogen des rechten Armes und legen ihn auf (oder innen neben) das rechte Knie.
- Je mehr Dehnkraft Sie haben, desto weiter können Sie die rechte Hand nach unten auf den rechten Unterschenkel schieben. Der Po bleibt dabei komplett am Boden. 3
- Kommen Sie mit jedem Atemzug ein wenig weiter nach unten.
- Halten Sie die Dehnung etwa 30 Sekunden. Kommen Sie ganz langsam hoch und wechseln Sie die Seiten.

WORAUF SIE ACHTEN SOLLTEN

Halten Sie den Bauch auch hier tief innen. Neigen Sie sich nur zur Seite, fallen Sie auf keinen Fall nach hinten.

Was diese Übungen bewirken

Quadrizeps-Dehnung: Diese Dehnung hat eine tief greifende Wirkung auf die vorderen Oberschenkel. Manche meiner Kunden spüren sie sogar bis in den Hüftbeuger.

Seitliche Dehnung: Diese Dehnung hat einen großen Vorzug, Sie spricht viele Muskeln gleichzeitig an: die großen Rückenmuskeln, seitliche und hintere Bauchmuskeln, den oberen Teil der Hüftmuskeln, innere und hintere Oberschenkelmuskulatur.

TIPP

- Diese Übungen sind ganz besonders wichtig für Äpfel, Birnen und Karotten. Führen Sie sie mindestens dreimal pro Woche aus. Sie können gern auch täglich üben. Das fördert die Entschlackung. Dehnen Sie die stärker verkürzte Seite öfters.

Intensivtraining mit Tuch und Stuhl

1

In diesem Kapitel finden Sie kurze, aber knackige Übungen, die sich leicht in den Alltag integrieren lassen. Alles, was Sie dafür brauchen, ist ein Stuhl und ein nicht zu kleines Handtuch. Mit diesen Hilfsmitteln intensivieren Sie das Training und bringen außerdem ein wenig Abwechslung hinein. Viel Spaß dabei!

Was diese Übungen bewirken

Pfeil und Bogen: Dies ist die ultimative Übung für einen entzückenden und wohl konturierten Rücken.

Brustdehnung: Hier werden die Brustmuskeln sowie die Muskeln um die Schultergelenke gedehnt und mobilisiert.

Pfeil und Bogen

- Nehmen Sie ein zusammengerolltes Tuch und fassen Sie es an beiden Enden. Stehen Sie schulterbreit und nehmen Sie KiK ein, wobei Sie vorerst die Schulterblätter nur nach unten, aber noch nicht nach innen ziehen.
- Halten Sie den linken Arm vor der Brust, den rechten in Schulterhöhe seitlich ausgestreckt, so als ob Sie Pfeil und Bogen halten würden. Beide Handflächen zeigen nach unten, die Handgelenke bilden eine gerade Verlängerung zum Arm. 1
- Atmen Sie ein. Beim Ausatmen drücken Sie die Schulterblätter noch weiter nach unten und mit viel Kraft zusammen. Gleichzeitig ziehen Sie die Hände voneinander weg.
- Die Spannung für etwa sechs Sekunden halten. Zwei bis vier Sekunden pausieren, dann wiederholen – insgesamt viermal, danach die Seite wechseln.

Auf der CD
Track 27

WORAUF SIE ACHTEN SOLLTEN

Die Bewegung beginnt im Rücken. Das heißt: Zuerst die Schulterblätter nach unten und zusammenbringen, dann mit den Händen am Tuch ziehen.

2

3

TIPP

➤ Sie können die Brustdehnung noch verstärken, indem Sie die Arme durchgestreckt hinter dem Rücken lassen und mit jedem Atemzug etwas nach unten bringen.

Auf der CD
Track 28

Brustdehnung

- Stehen Sie wieder schulterbreit, nehmen Sie KiK ein und halten Sie das gerollte Tuch diesmal mit ausgestreckten Armen vor der Brust. Die Handflächen weisen nach unten. 2
- Atmen Sie ein. Bringen Sie beim Ausatmen das gespannte Tuch langsam über den Kopf und dann hinten so weit wie möglich nach unten. Die Arme bleiben gestreckt; die Handflächen zeigen nun zur Decke. Halten Sie gleichzeitig Schulterblätter und Schultern unten. 3
- Bleiben Sie zwei bis vier Sekunden in der Dehnung. Bringen Sie dann die Arme zur Ausgangsposition zurück.
- Zwei- bis viermal wiederholen.

WORAUF SIE ACHTEN SOLLTEN

Halten Sie sich bei der Brustdehnung ganz stabil. Benutzen Sie ein Handtuch, das groß genug ist. Sie sollten die Arme die gesamte Übung hindurch problemlos gestreckt halten können.

WORAUF SIE ACHTEN SOLLTEN

Die Oberarme ganz fixiert halten. Den Arm, der das untere Tuchende hält, unbedingt ganz ausstrecken.

Bizeps- und Trizeps-Übung

- Nehmen Sie Ihr Tuch, stehen Sie stabil, die Beine etwas mehr als schulterbreit auseinander, die Oberarme dicht am Körper.
- Die linke Hand hält ein Tuchende etwa in Brusthöhe, Handfläche nach oben. Die rechte Hand hält das andere Tuchende, wobei der Arm vollkommen nach unten ausgestreckt ist, das Handgelenk gerade; die Handknöchel zeigen zum Boden. 1
- Machen Sie KiK – aber ganz fest! Atmen Sie ein. Drücken Sie beim Ausatmen die Schulterblätter noch weiter nach unten und ziehen Sie das Tuch mit beiden Händen kräftig auseinander.
- Halten Sie die Spannung im linken vorderen Oberarm (Bizeps) und im rechten hinteren Oberarm (Trizeps) für vier bis sechs Sekunden.
- Auf jeder Seite viermal wiederholen.

Auf der CD
Track 29

WORAUF SIE ACHTEN SOLLTEN

Probieren Sie verschiedene Handpositionen am Tuch und an der Hüfte aus, bis Sie die Spannung im Trizeps wirklich spüren.

Oberarm-Anti-Aging

- Stehen Sie etwas mehr als schulterbreit und machen Sie KiK.
- Falten Sie Ihr Tuch diesmal und drücken Sie es mit der rechten Hand an die rechte Hüfte; der Ellbogen ist dabei gebeugt.

Was diese Übungen bewirken

Bizeps und Trizeps: Die Oberarmmuskeln werden gestrafft, ohne mehr Muskelmasse aufzubauen. Sie bekommen junge, vitale, schön geformte Arme.

Oberarm-Anti-Aging: Die schwer zu erreichenden Muskeln der inneren Oberarme werden gefestigt und gestrafft.

Ferseheben: Bringt schöne Konturen in die Waden.

1

2

3

Achten Sie darauf, das rechte Schulterblatt während der Anspannung tief Richtung Gesäß zu ziehen. 2

- Einatmen. Beim Ausatmen den Handballen kraftvoll in das Tuch und gleichzeitig den Ellbogen zum Körper drücken. Sie sollten die Spannung in Rücken und innerem Oberarm spüren.
- Vier- bis achtmal wiederholen; dann die Seite wechseln.

Einbeiniges Ferseheben

- Fürs Ferseheben brauchen Sie einen Stuhl mit Lehne. Stellen Sie sich davor und legen Sie die Fingerspitzen auf den oberen Rand der Lehne. Nun müssen Sie sich gut stabilisieren, um den Körper während der gesamten Übung gerade zu halten – also KiK!
- Legen Sie nun den Fußrücken des rechten Beins an die linke Wade, um Ihr ganzes Gewicht auf den linken Fuß zu verlagern.
- Atmen Sie ein. Drücken Sie beim Ausatmen die Schulterblätter noch tiefer nach unten, ziehen Sie den Bauch ganz fest ein und heben Sie die Ferse. Das linke Bein ist ganz ausgestreckt und bleibt so die gesamte Übung hindurch. 3 Senken Sie beim Einatmen den Fuß wieder.
- Achtmal wiederholen; dann das Bein wechseln.

TIPP

- Stehen Sie während der Büroarbeit ab und zu mal auf – zum Beispiel während Sie etwas downloaden – und heben Sie die Fersen. Das fördert die Durchblutung!

WORAUF SIE ACHTEN SOLLTEN

Kommen Sie mit der Ferse so weit Sie können hoch auf den Ballen. Kippen Sie dabei nicht mit dem Fuß nach außen.

Auf der CD
Track 30

WORAUF SIE ACHTEN SOLLTEN

Greifen Sie bei der Hohlbauch-Übung richtig fest unter den Stuhl. Für noch mehr Widerstand können Sie die Ellbogen nicht nur beugen, sondern zusätzlich etwas nach hinten ziehen.

Hohlbauch mit Widerstand

- Sie sitzen in kerzengerader Haltung auf der Kante eines Stuhls. Die Beine bilden einen 90°-Winkel. Ziehen Sie das Kinn nach innen und die Schulterblätter tief nach unten. Fassen Sie mit den Fingern unter den Stuhl.
- Nun saugen Sie den Bauch tief ein, während Sie in den Brustkorb einatmen. Ziehen Sie beim Ausatmen den Bauch noch weiter nach innen. Erzeugen Sie gleichzeitig mehr Widerstand, indem Sie mit den Fingern an der Sitzfläche ziehen, wobei Sie die Ellbogen leicht beugen, als wollten Sie den Stuhl hochheben. Sie sollten ein Ziehen in Bauch und Rücken spüren. 1
- Vier- bis achtmal wiederholen.

Auf der CD
Track 31

WORAUF SIE ACHTEN SOLLTEN

Lassen Sie beim Beinstrecker den Oberschenkel absolut unbewegt auf der Sitzfläche. Die Spannung sollte sich auf die Muskelfasern um das Knie konzentrieren.

Beinstrecker auf dem Stuhl

- Sitzen Sie ganz gerade auf einem Stuhl. Die gesamten Oberschenkel sollten auf dem Sitz aufliegen. Die Unterschenkel bilden einen 90°-Winkel und die Füße stehen fest auf dem Boden.
- Legen Sie die Hände zur Kontrolle auf die Muskeln um das rechte Knie und strecken Sie das Bein aus. Sie sollten die Mus-

Was diese Übungen bewirken

Hohlbauch mit Widerstand: Durch den Widerstand trainieren Sie die tief liegenden Bauchmuskeln noch intensiver.

Beinstrecker: Die Muskeln rings ums Knie werden besser durchblutet, die Knieführung stabilisiert.

Nackendehnung: Löst Nackenverspannungen, verbessert die Durchblutung: So bekommen Sie einen klaren Kopf.

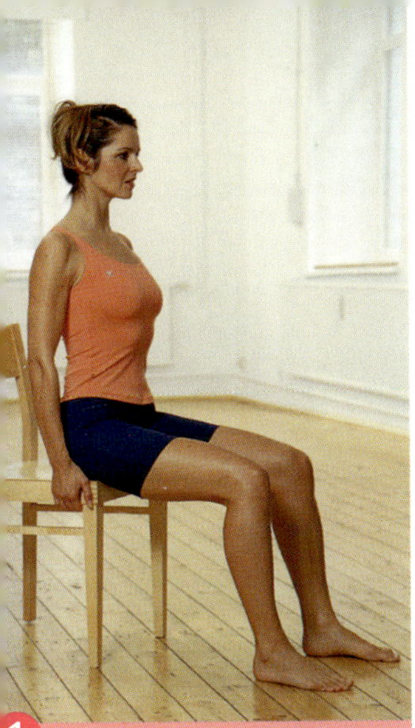

1

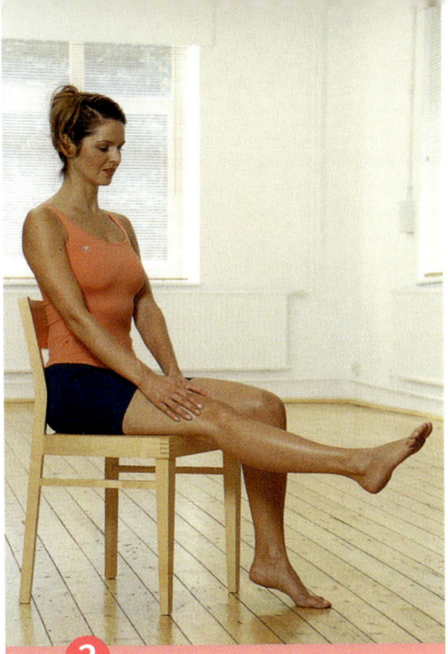

2

3

kelanspannung um das Knie mit den Fingern spüren können. Der rechte Fuß bleibt ganz locker und entspannt, das verstärkt die Anspannung im Knie. ❷

- Achtmal langsam wiederholen und das Bein wechseln.

Nackendehnung vom Feinsten

- Sie sitzen auf einem Stuhl; die Beine bilden einen 90°-Winkel.
- Nehmen Sie die KiK-Position ein und fassen Sie mit der rechten Hand die rechte Stuhlkante. Beugen Sie den Arm ein wenig.
- Legen Sie nun die linke Hand über den Kopf, so dass die Fingerspitzen das rechte Ohr berühren.
- Neigen Sie den Kopf so weit nach links, wie es Ihnen angenehm ist. Senken Sie zusätzlich das Kinn und ziehen Sie es Richtung Nacken nach innen. ❸
- Zum Schluss ziehen Sie die Schulterblätter ganz tief nach unten.
- Wenn Sie sehr verspannt sind, halten Sie die Dehnung nur etwa zehn Sekunden, dann entspannen Sie sich kurz und wiederholen sie. Wenn es Ihnen angenehm ist, dehnen Sie bis zu 30 Sekunden; dann die Seite wechseln.

Auf der CD
Track 32

WORAUF SIE ACHTEN SOLLTEN

Lassen Sie den Kopf zuerst ganz schwer nach vorn fallen und neigen Sie ihn erst dann zur Seite. Experimentieren Sie mit dem Neigungswinkel, um die beste und wirksamste Dehnung im Nacken zu erreichen.

Auf der CD
Track 33

WORAUF SIE ACHTEN SOLLTEN

KiK ist auch hier sehr wichtig. Dabei jedoch die Schulterblätter nur nach unten, nicht zusammenbringen. Die Arme müssen unbedingt die gesamte Übung hindurch durchgestreckt bleiben, sonst hat sie nicht den gewünschten Effekt. Bitte auch auf eine konstante Spannung im Tuch achten.

Schulter-Rücken-Trizeps-Übung

- Liegen Sie auf dem Bauch, die Stirn auf einem Tuch oder kleinen Kissen. Halten Sie ein längeres Tuch straff hinter dem Rücken. Die Handflächen weisen dabei zur Decke, die Arme sind vollkommen ausgestreckt. Nehmen Sie die KiK-Haltung ein. 1
- Atmen Sie ein und heben Sie beim Ausatmen die ausgestreckten Arme Richtung Decke, während Sie die Schulterblätter weiter nach unten ziehen. Sie sollten die Anspannung in den hinteren Oberarmen und den hinteren Schultermuskeln spüren.
- Atmen Sie wieder ein und senken Sie die Arme wieder. Die Anspannung im Rücken dabei nicht verringern!
- Acht- bis zwölfmal wiederholen.

Was diese Übungen bewirken

Schultern-Rücken-Trizeps: Die vorderen Schultermuskeln werden gedehnt, Rücken und Trizeps sanft gestrafft.

Crunch mit Beinheben: Der Kopf bleibt durch das Tuch ganz entspannt, der Bauch arbeitet umso intensiver.

Beinbeugerdehnung: Zieht die Muskeln im hinteren Oberschenkel und hinter den Knien lang. Diese Übung ist ein Muss für alle, die viel sitzen.

WORAUF SIE ACHTEN SOLLTEN

Der Bauch muss wirklich tief innen bleiben, während Sie das Bein heben. Wenn das noch nicht klappt, führen Sie die Übung aus, ohne die Beine zu heben.

Crunch mit Beinheben

- Legen Sie sich so auf ein Tuch, dass Sie Ihren Kopf damit zudecken können. Fassen Sie die Ecken des Tuches und halten Sie das Kinn innen und leicht unten. Die Ellbogen zeigen nach vorn.
- Heben Sie Kopf und Schultern etwas vom Boden und schieben

1

Sie die Schulterblätter nach unten. Dann ziehen Sie die Bauchmuskeln tief nach innen und heben ein Bein an. ❷

- Atmen Sie in den Brustkorb ein, während Sie den Bauch nach innen ziehen. Beim Ausatmen den Bauch noch tiefer einsaugen.
- Um den Widerstand zu erhöhen, ziehen Sie die Ellbogen leicht nach unten, während Sie den Kopf stärker ins Tuch pressen.
- Vier bis sechs Sekunden halten, dann kurz entspannen.
- Vier- bis sechsmal wiederholen, mit kleinen Pausen dazwischen; dann das Bein wechseln.
- Schaffen Sie mehr Wiederholungen, haben Sie etwas falsch gemacht. Sie sollten Bauch- und Rückenmuskeln gewaltig spüren!

Beinbeugerdehnung mit Tuch

- Liegen Sie mit ausgestreckten Beinen in der Rückenlage, den Hinterkopf gut durch ein Kissen gestützt. Bei dieser Übung ist es sogar besser, wenn der Kopf etwas höher liegt.
- Nehmen Sie die KiK-Haltung ein, wobei Sie die Schulterblätter jedoch nur nach unten ziehen. Winkeln Sie das rechte Bein an und bringen Sie es in Richtung Brust. Das Handtuch legen Sie um die rechte Wade und fassen die Enden mit den Händen.
- Strecken Sie das Bein aus und bringen Sie es so hoch, wie das ausgestreckt möglich ist. Der Kopf bleibt entspannt liegen. Sie sollten ein deutliches Ziehen in der Kniekehle spüren. ❸
- Ziehen Sie mit jedem Ausatmen das Bein noch etwas weiter in Richtung Oberkörper. Es bleibt dabei immer gestreckt.
- Halten Sie die Dehnung insgesamt etwa 30 Sekunden. Dann kommt das andere Bein an die Reihe.

2

3

Auf der CD
Track 34

WORAUF SIE ACHTEN SOLLTEN

Wenn das Bein anfängt zu zittern, lassen Sie mit der Dehnung etwas nach. Dann wieder strecken und erneut dehnen.

Sachregister

Bücher und Adressen, die weiterhelfen

Bücher

Wade, Jennifer: *Basic Fitness*, Gräfe und Unzer Verlag, München 2001

Wade, Jennifer: *Fatburner – Das Fitnessprogramm*, Gräfe und Unzer Verlag, München 2001

Wade, Jennifer: *Superfigur mit dem Zauberband*, Gräfe und Unzer Verlag, München 2002

Grillparzer, Marion/ Martina Kittler: *Fatburner – Das Ernährungsprogramm*, Gräfe und Unzer Verlag, München 2001

Grillparzer, Marion: *Fatburner – So einfach schmilzt das Fett weg*, Gräfe und Unzer Verlag, München 1999

Höfler, Heike: *Die Nackenschule*, BLV Verlagsgesellschaft, München 2000

Jentschura, Peter / Josef Lohkämper: *Gesundheit durch Entschlackung*, Verlag Peter Jentschura, Münster 2001

Lang-Reeves, Irene/ Dr. med. Thomas Villinger: *Beckenboden – Das Training für mehr Energie*, Gräfe und Unzer Verlag, München 2002

Trökes, Anna: *Yoga – Mehr Energie und Ruhe*, Gräfe und Unzer Verlag, München 2002

Wichtiger Hinweis

Die Inhalte des vorliegenden Ratgebers wurden sorgfältig recherchiert und haben sich in der Praxis bewährt. Alle Leserinnen und Leser sind jedoch aufgefordert, selbst zu entscheiden, ob und inwieweit sie Übungsanleitungen und Anregungen aus diesem Buch umsetzen wollen. Autorin und Verlag übernehmen keine Haftung für die Resultate.

Adressen

Informationen über Personal Training:
QPT® – Qualified Personal Training
Postfach 1511
82305 Starnberg
E-Mail: qptwade@hotmail.com
Homepage: www.qpt-personaltraining.com

Informationen zu Seminaren und Vorträgen mit Jennifer Wade:
E-Mail: Jennifer.Wade@jenniferwade.de
Homepage: www.jenniferwade.de

Informationen zu einem vernünftigen Herzkreislauf- und Fettstoffwechseltraining:
E-Mail: info@polar-deutschland.de
Homepage: www.polar-deutschland.de

LESEN UND HÖREN

Entspannen und auftanken mit Buch und CD

ISBN 3-7742-4787-0
80 Seiten | € 14,90 [D]

ISBN 3-7742-4786-2
80 Seiten | € 14,90 [D]

ISBN 3-7742-4807-9
48 Seiten | € 8,90 [D]

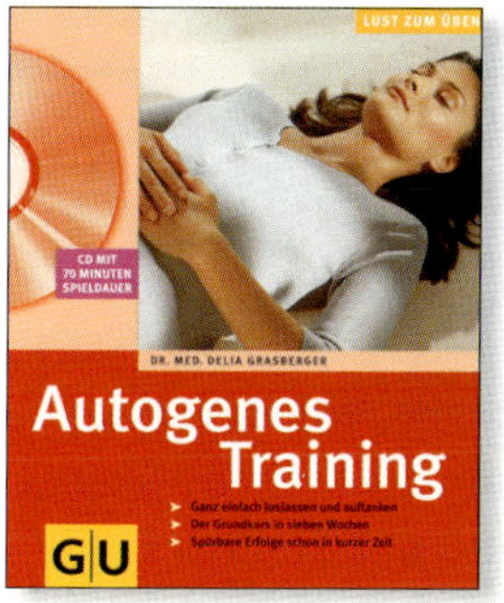

ISBN 3-7742-5571-7
80 Seiten | € 14,90 [D]

Mit der Kombination aus Buch und Audio-CD fällt das Lernen von Übungsmethoden leicht und macht mehr Spaß. Lassen Sie sich von einer motivierenden Stimme leiten und genießen Sie die extra komponierte anregende oder entspannende Musik!

G|U

Gutgemacht. Gutgelaunt.

Impressum

Redaktion: Ilona Daiker
Lektorat: Anja Schmidt
Satz und Gestaltung:
Felicitas Holdau
Layout und Umschlaggestaltung: Claudia Fillmann, Independent Medien-Design, München
Herstellung: Markus Plötz
Lithos: W & Co., München
Druck und Bindung:
Print Consult, München

ISBN 3-7742-5591-1

Auflage	6.	5.	4.	3.	2.
Jahr	07	06	05	04	2003

GRÄFE UND UNZER

Ein Unternehmen der
GANSKE VERLAGSGRUPPE

Bildnachweis

Fotos: Martin Wagenhan
Illustrationen:
Detlef Seidensticker

CD

Musik komponiert, arrangiert und eingespielt von Thomas Schwaiger
Sprecherin: Jennifer Wade

Aufgenommen, gemischt und gemastert von Dieter Kurz im Tonwerk Greifenberg

Ausführend produziert von Thomas Schwaiger für Phonopool

Das Original mit Garantie

Ihre Meinung ist uns wichtig. Deshalb möchten wir Ihre Kritik, gerne aber auch Ihr Lob erfahren, um als führender Ratgeberverlag für Sie noch besser zu werden. Darum: Schreiben Sie uns! Wir freuen uns auf Ihre Post und wünschen Ihnen viel Spaß mit Ihrem GU-Ratgeber.

Unsere Garantie: Sollte ein GU-Ratgeber einmal einen Fehler enthalten, schicken Sie uns bitte das Buch mit einem kleinen Hinweis und der Quittung innerhalb von sechs Monaten nach dem Kauf zurück. Wir tauschen Ihnen den GU-Ratgeber gegen einen anderen zum gleichen oder ähnlichen Thema um.

Ihr Gräfe und Unzer Verlag
Redaktion Gesundheit
Postfach 86 03 25
81630 München
Fax: 089/41981-113
e-mail: leserservice@graefe-und-unzer.de